Oskar Fischel

Ludwig von Hofmann

Verlag
der
Wissenschaften

Oskar Fischel

Ludwig von Hofmann

ISBN/EAN: 9783957004413

Auflage: 1

Erscheinungsjahr: 2015

Erscheinungsort: Norderstedt, Deutschland

Hergestellt in Europa, USA, Kanada, Australien, Japan
Verlag der Wissenschaften in Hansebooks GmbH, Norderstedt

Cover: Rembrandt "Der Künstler in seinem Atelier"

Ludwig von Hofmann

Von

Oskar Fischel

Mit 8 Kunstbeilagen und 104 Abbildungen

Bielefeld und Leipzig
Verlag von Velhagen & Klasing
1903

Ludwig von Hofmann.

Ludwig von Hofmann.

Von einer Künstler-Monographie erwarten wir gewöhnlich, daß sie biographisch sei. Aber dazu muß man von einem Leben erzählen können, das wie abgeschlossen vor einem liegt, das einen gewissen Abstand zuläßt, von dem aus sich Aussaat, Reife und Ernte übersehen lassen. Man muß erkennen können, wie die Welt mit ihren unzähligen Eindrücken sich in den Werken des Künstlers spiegelt, um einen Zusammenhang zwischen Erleben und Schaffen zu finden. Hier soll aber von einem Talent die Rede sein, das noch im Aufsteigen begriffen ist, dessen Werke wohl Anfang und Entwickelung erkennen lassen, dessen Ziel und Abschluß aber noch in verheißungsvoller Ferne liegt, von einem Maler, dessen Art es ist, in seinen Bildern von dem äußeren Erleben gar nichts zu verraten, für den als Menschen wie als Künstler alles äußere Erleben nur dann Bedeutung hat, wenn es in ihm eine Stimmung weckt. Da scheint es vermessen, wenn man mit Worten herbeikommt, mit Worten an seinen Werken etwas erklären will. Über einen Künstler, der dessen bedarf, könnte man füglich schweigen. Aber es ist heute Gebrauch, dem Interesse des Publikums nachzugeben, weil es über die Bilder hinaus in die Werkstatt des Künstlers und in sein Leben spähen möchte.

Ludwig von Hofmann erfährt reichlich Widerspruch und Anerkennung wie jeder bei ernsthaftem Tun. Aber nicht immer war das Lob klüger als der Tadel. „Wenige haben Gefühl für ein ästhetisches Ganze, sie loben und tadeln nur stellenweise, sie entzücken sich nur stellenweise." Noch heute wie anfangs glaubt man Naives und Fremdes in seinen Bildern zu sehen; und weil die Farbe ungewohnt war, blieb das Urteil daran haften. Die Farbe wurde seine Signatur, neben der man nichts anderes mehr beachten wollte. Und wenn man heute die Rubrik für einen schaffenden Künstler gefunden hat, ist man ein für allemal fertig mit der Anschauung seiner Werke.

Ludwig von Hofmann ist rubriziert unter „Neuidealismus". Indem man nun seine Farben als Erfindung und seine Motive und Formen als neu auffaßte, traf man mit der Sicherheit, die nur der Gebrauch von Schlagworten verleiht, neben das Ziel. Man hat sich dabei des Genusses beraubt, einer künstlerischen Auffassung des Lebens und der Welt nachzugehen, die, mag man nun ihre Stärke und Dauer schätzen wie man will, so lebhaft und vielseitig ist, wie es heute selten geworden ist; ein künstlerisches Leben mitzuleben, das jeden, der seinen Äußerungen liebevoll nachgehen will, mit unendlichen Anregungen reichlich belohnt.

So mag doch noch eine kleine Schrift über einen Künstler gerechtfertigt erscheinen, der es verschmäht, anders als in seinen Werken zu uns zu sprechen, eine Sprache,

4

die, wie alle gute Kunst, eigentlich keinen
Kommentar braucht und keinen verträgt.
Man muß nur erkannt haben, daß er
weder Neues noch Fremdes sagt, daß alles,
so überraschend und packend es erscheinen
mag, in der Natur sein Vorbild hat, und

Das Leben, von dem hier zu erzählen
ist, bietet dem Neugierigen wenig Befriedi-
gung; Überraschungen, besondere Evolu-
tionen fehlen darin. In glücklich stetem
Fluß war es mehr innerliches als äußeres
Erleben, ganz Schauen und Arbeiten.

Abb. 1. Gretchen im Kerker. Ölskizze. (Zu Seite 10.)

daß es nur darauf ankommt, es in der
Natur zu entdecken. Dann werden seine
Bilder über den vorübergehenden Genuß
hin nicht aufhören anzuregen und zu beglücken: man geht von ihnen hinaus mit
offeneren Augen und empfänglicheren Sinnen für alle die bunten und reizenden
Bilder der Welt.

Ludwig von Hofmann ist am 17. August
1861 in Darmstadt geboren. Sein Vater
war hessischer Bevollmächtigter beim Bun-
destag in Berlin, dann großherzoglich
hessischer Minister und später Staatssekretär
in Elsaß-Lothringen.

Im Elternhaus fanden sich viele Einflüsse zusammen, die der künstlerischen Ent-

wickelung anfangs unmerklich, dann immer deutlicher ihre Richtung gegeben haben müssen.

Die Musik ist dem Künstler ein Lebensbedürfnis geblieben, dazu kam ein in der seinen Lehrer Wilhelm von Schadow ein Enkelschüler der Nazarener und gewissermaßen ein letzter Ausläufer ihrer Richtung. Sein Oheim mütterlicherseits ist der der modernen Kunst nahestehende Archäologe

Abb. 2. Landschaft. Ölskizze. (Zu Seite 11.)

Familie seit Generationen, schon vom Großvater her erblicher Hang zur bildenden Kunst.

Der in Dresden lebende Maler Professor Heinrich Hofmann ist sein Oheim väterlicherseits, der Schöpfer jener bekannten Bilder aus dem Neuen Testament; durch Kekulé von Stradonitz. So hat sich ein tiefer Respekt vor alter Kunst und alten Meistern den vielseitigen Bildungselementen zugesellt, die ihm die Erziehung bot.

Was in seinen jüngeren Jahren sonst auf ihn so gewirkt haben könnte, daß es noch später einen Widerhall fand, wäre schwer zu sagen. Die Landschaft in Hessen, die Bilder der Darmstädter Galerie, das alles ist mehr Vermutung oder wäre nachträgliche Konstruktion.

In Berlin, wohin er während des Vaters wechselnder Laufbahn auf die Schule kam, hat er an freien Nachmittagen viel die Museen besucht, oft nach den Gipsabgüssen des Parthenonfrieses gezeichnet, aber auch hieraus läßt sich so gut wie nichts

hatte, für die Kunst entschieden, ein Entschluß, der ihm noch dadurch einigermaßen erschwert wurde, daß sein Onkel, der Maler, ihm anfangs vom Künstlerberuf abriet. Aber einige Probeaufgaben, die er dem Neffen stellte, fielen zur Zufriedenheit des wohlwollenden alten Herrn aus. Die eine hatte zum Thema: der aus dem Kampf kommende Hektor tadelt in Gegenwart der Helena den Paris wegen seiner Feigheit; auf der

Abb. 3. Abendstimmung. Ölskizze. (Zu Seite 11.)

folgern. Schließlich liegt darin nichts Auffälliges oder Charakteristisches, wenn ein Gymnasiast jenen klassischen Werken seine Huldigung bezeigt, aber vielleicht beruhigt es manchen modern gesinnten Kunstfreund, daß er nicht den Apollo von Belvedere oder den Laokoon gezeichnet hat. Möglich wäre es immerhin, daß ihn damals schon die Bewegungen der Pferde, die ihn später so oft vor der Natur zum Stift greifen ließen, besonders angezogen haben.

Verhältnismäßig spät hat sich Ludwig von Hofmann, erst nachdem er auf der Universität mit juristischen Studien begonnen

einen Seite die heldenhafte Gestalt, auf der anderen die des weichen Jünglings, in der Mitte Helena. Eine harmlose Kompositionsskizze, die als anerkannte Talentprobe heute für jeden etwas Rätselhaftes hätte; aber war es Wohlwollen oder Scharfblick, was den alten Meister darin das keimende Talent erblicken ließ, wir verdanken ihm, daß Ludwig von Hofmann Maler geworden ist.

In Dresden, unter den Augen des Onkels, begann 1883 diese Laufbahn. Über der Dresdener Akademie, wie sie damals war, schwebt für uns heute unwillkürlich wie in einer Aureole das Bild Raphaels, wie

Abb. 4. Abend in der Bretagne. Kohlezeichnung. (Zu Seite 16 u. 79.)

Hähnel ihn als Statue über den Eingang zur Dresdener Galerie gesetzt hat, nicht der Künstler, der reif gewesen sein muß, um mit solch bewundernswerter und männlicher Konzentration die Schule von Athen und Messe von Bolsena zu schaffen, sondern des lang und sauber gelockten Jünglings im reinlich geordneten Mantelwurf, der die Stufen herabschreitend wie eine Lichtgestalt mit dem Tritt des Apoll von Belvedere, sei es nun am finsteren Michelangelo oder an einer schönen Bäckerstochter vorüber-

Abb. 5. Motiv aus der Bretagne. Pastell. (Zu Seite 16 u. 79.)

steigt. So dachte, so empfand einer der bedeutendſten Lehrer in Dresden die klaſſiſche Kunſt, die er ſeinen Schülern als Vorbild pries.

Denn die Zeit, da Schnorrs männlicher Geiſt und Rietſchels erfriſchendes Naturgefühl dort herrſchten, war vorüber; jetzt lebten die akademiſchen Epigonen nur noch den Erinnerungen an ihre Lehrer, die großen Nazarener. Böcklin ſcherzte einmal, als er einen Kunſtjünger die Stufen einer Akademie feierlich herabſchreiten ſah: „Raphael als Knabe! Der hat gewiß in Dresden ſtudiert.“

Unter den damaligen Lehrern war Hähnel der älteſte, er hat mit jenem Raphael der Nachwelt den Typus überliefert. Neben ihm wirkte ſein Schüler Schilling, der als Meiſter dekorativer Plaſtik in den ſiebziger Jahren den größten Ruf hatte, der auf die Brühlſche Terraſſe allegoriſche Gruppen ſtellte, an denen heute mancher ahnungslos vorübergeht, wenn er nicht durch einen Stern in ſeinem Baedeker aufmerkſam wurde, ebenſo wie man am Niederwald vorüberfährt, enttäuſcht, daß der winzige Punkt da oben das deutſche Nationaldenkmal iſt; Julius Hübner, der Direktor der Galerie, der Maler des Goldenen Zeitalters, aber

auch der Disputation Luthers und Ecks, war kurz zuvor geſtorben. Die Art vertrat noch Theodor Große, der Schüler Bendemanns, und der belgiſche Geſchichtsmaler Ferdinand Pauwels. Alle dieſe Männer waren achtenswert im Ernſt ihrer Arbeit, aber ihr Unterricht war mehr typiſch für die Akademie als fördernd für die jüngere Generation.

Es wird mit zu den Enttäuſchungen in dieſem an überraſchenden Ereigniſſen und packenden Schilderungen ſo armen Buche gehören, daß es dem Leſer von dem Kampf eines jungen aufſtrebenden Talentes gegen dieſe Akademie nichts erzählen kann, nicht mehr jedenfalls als ſich gegen die Akademien überhaupt gerechterweiſe ſagen läßt: daß das jahrelange Zeichnen nach Gips jeder farbigen Anſchauung der Natur nicht nur nicht förderlich, ſondern geradezu feindlich iſt — von der bildenden Kraft der antiken Vorbilder abgeſehen —, die Erfahrung hat mancher vor und nach Ludwig von Hofmann gemacht. Und daß man in den Kompoſitionsklaſſen den jungen Leuten Aufgaben ſtellte, die ſie bei ihrem noch begrenzten Wiſſen kaum anders als mit fremder Hilfe, d. h. mit Entlehnung bewährter Vorbilder löſen konnten, das hat Hofmann

Abb. 7. Der schwarze Geiger. Ölgemälde. (Zu Seite 17.)

nicht als Zwang empfunden. So wenig romantisch oder originell es in einem modernen Künstlerleben klingt: es muß berichtet werden, daß er zu den ausdauernden Schülern dieser Klasse gehört hat, auch als die meisten anderen, weil sie durch ihr Fortbleiben gegen diese Art des Unterrichts protestierten, für einige Zeit von der Akademie relegiert waren. Worauf es bei diesem Kompositionsunterricht ankam: sich einen Vorgang klar geordnet in der lebhaftesten seiner Phasen vorzustellen, das war seiner Phantasie schon damals willkommen. Zwar bei den mythologischen und historischen „Unglücksfällen", aus denen die üblichen Aufgaben gewählt wurden, mußte er die Lücken in seinem Wissen noch mit Erinnerungen an den Kartonstil der akademischen Götter ausfüllen; solche Skizzen machen den Eindruck, als könnten sie ebensogut vierzig oder achtzig Jahre früher in Deutschland entstanden sein. Aber mitunter fand der junge Akademiker sich doch schon mit einem Vorwurf auf eine Art ab, die seinen Lehrern niemals eingefallen wäre.

Einmal gab es die Klage um den Leichnam des Achill zu erfinden: Vor dem düsteren Grund der Felsenküste liegt hochaufgebahrt der Tote, Thetis neigt sich über ihn, während hinter ihr nachdrängend der lange Zug der Nereiden sich vom aufbrausenden Meer hebt. Alle Einzelheiten, die Flugbewegungen, die Typen, sind Konvention; das bewegte Meer und die Felsenküste aus Erinnerung an heroische Landschaften; aber Gefühl für den Zusammenklang der Figuren mit dem Raum ist schon darin, und für malerische kräftige Gegensätze in der luftigen Schar vor den dunkeln zurückfliehenden Ufern, und vor allem eine gewisse Energie der Vorstellung, die nicht an einzelnes, wie schöne Linien oder Stellungen denken kann, sondern alles der einen Empfindung und dem einen Wunsche unterordnet, den Gegenstand lebendig zu machen.

Aber gerade darin fand er bei seinen Lehrern in Dresden keine Förderung, trotzdem der treffliche Porträtist Leon Pohle der Malklasse vorstand; und schwankend zwischen Selbstvertrauen und Unsicherheit verließ er 1886 Dresden.

Den rechten Lehrer hoffte er in dem Karlsruher Ferdinand Keller zu finden. Was ihn gerade zu jenem zog? Ihm hatte es in Scherrs Germania, jenem damals vielverbreiteten Prachtwerk, eine Illustration Kellers angetan: Fredegunde von einem schnaubenden Hengst zu Tode geschleift. Der rauschende, äußerlich leidenschaftliche Zug jener Kompositionsweise zog ihn an, die bäumenden Rosse mit flatternden Mähnen, die schweren, rauschenden Draperien, der ganze Apparat, der wie Leidenschaft aussieht und Atelierdekoration und Künstlerfest ist, das Makartische, mochte einen jungen Maler, der sich den Schlingfäden des Kartonstils entwinden will, wohl verlocken. Er zog auch hier bald genug enttäuscht davon. Der flotten Technik seines Lehrers freilich hat er einigen Tribut gezahlt. Ein Christus vor der Grabeshöhle ist damals entstan-

den, Halbfigur mit einer gewissen zwingen-
den und gezwungenen Feierlichkeit nach
Art byzantinischer Bilder herausblickend.
Erstaunlich rasch hat er damals die Öl-
technik beherrschen gelernt, ganz Kellerisch
im Strich und im Effekt wirkt die Skizze
zum Gretchen im Kerker (Abb. 1). Der

„Galerie moderner Meister" ein, die früher
im Leben keines Backfisches fehlen durfte.

Ähnliches ist ihm dann sehr lange
nicht mehr widerfahren. Es war ein Erfolg übrigens, der den jungen Künstler
nicht übermütig gemacht hat. Denn gerade damals fühlte er sich wieder ratlos

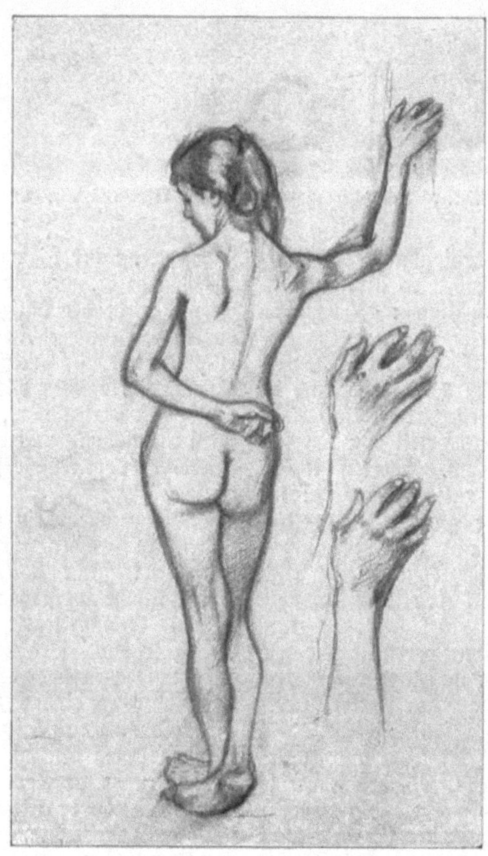

Abb. 8. Studie zum „Frühling". Kohle. (Zu Seite 19.)

Mondschein mit seinen feinbeobachteten Reflexen muß das Überreizt-Visionäre im
Antlitz herausbringen. Es ist durchaus
nicht mehr bloße Illustration, an der das
Beste von Goethe ist, sondern wirklich
schon innerlich erlebt, überzeugend im Ausdruck.

Die beiden Bilder waren sein erster
„Erfolg". Die Firma Hanfstaengl kaufte
das Reproduktionsrecht und reihte sie jener

wie früher, nachdem auch Karlsruhe ihm
nicht gehalten, was er erwartet hatte;
mit Unrecht, denn während er noch nach
dem Lehrer suchte, fängt er an, sich selbst
zu finden; das, was ihn zum Aussprechen
drängt, wofür er lernen, die Mittel suchen
will, wird stärker und stärker, so stark in
ihm, daß es sich in kaum einer Skizze
dieser Zeit verleugnet. Er malt vor der
Natur den regengeschwellten Schwarzwald-

Abb. 9. Frühling. Ölgemälde. (Zu Seite 17.)

bach (Abb. 2), deſſen gelbliches Waſſer zwiſchen mooſigem und bebuſchtem Geſtein einherkommt; ihn freut daran das Leben in der Strömung, die Harmonie der goldigen Felſen im Sonnendunſt, mit dem durchleuchteten Laub, und das gelbliche Waſſer, olivgrau und gold, die einfache Größe des Motivs — und ſofort belebt ſich ihm die Szenerie, die vor ihm und nach ihm kaum jemand anders als landſchaftlich empfunden hat. Ein junges Menſchenpaar iſt von der Quelle, die an dem Felſen herabkommt, angezogen. Ihre Körper leuchten vor dem dunklen Grund. Sie ſind das einzige Lebendige in dieſer Stille oder beſſer: in all dem ſtillen Leben noch ein Leben mehr. Man ſieht deutlich, wie erſt die Skizze da war, wie die Figuren dazu kamen, aber nicht als etwas bloß Äußerliches, etwa als Staffage, ſondern maleriſch notwendig — der Körper der Trinkenden gibt das hellſte Licht — und innerlich unlöslich mit dem Stück Natur verbunden, als wären ſie die Urbewohner, die hier ihr harmlos friedliches Weſen treiben. Die Idee noch ſchüchtern, faſt wie ein Verſuch, aber doch vernehmlich genug ausgeſprochen, und mit nichts als mit maleriſchen Mitteln.

Nach Karlsruhe verſuchte er im Winter 1888 in München ſein Heil auf kurze Zeit und ohne rechte Klarheit über ſich und ſeine Wünſche.

Einen Vorteil hat ihm dieſer Aufenthalt trotzdem gebracht: die Entſcheidung nach Paris zu gehen. Sein Karlsruher Genoſſe und Freund Wilhelm Volz, der ſelbſt dort geweſen war und dahin zurückging, ließ nicht ab, ihn dazu zu drängen, und ſeinem Rat und ſeiner Einwirkung verdankte er den Entſchluß, in Paris das Maß der Ausbildung, das ihm noch fehlte, zu ſuchen.

Wie wenig und wie viel ihm dort zu lernen blieb, zeigt eine der Studien, die in dieſer Übergangszeit — Karlsruhe-München — entſtanden (Abb. 3). Klarer Abendhimmel über dem dunkeln Waldrand; vom Ufer her watet eine weibliche Gestalt im Waſſer vorwärts, deſſen Ringe, in kleinen Kämmchen aufblinkend, die ruhige Fläche trüben. Die Erſcheinung ganz ſelbſtvergeſſen in der Stille, das Spiel des Waſſers, in deſſen Spiegel das Licht ſich verdoppelt,

das alles ſchon die Elemente, aus denen ſich bald eine ganz eigene Kunſt zuſammenbauen ſollte. Selbſt in der nur andeutenden Skizze erreicht er ſeine volle Abſicht, mit wenigen Strichen ſteht ein Baum da, in knappen Zügen trifft er die ſcheue Bewegung in dem noch unvollkommen gezeichneten Körper. Noch etwas ſchwankend ſcheint die Kompoſition: ſpäter ſtehen die Geſtalten günſtiger im Raum. — Mit dieſer ſchon faſt fertigen Fähigkeit ſich auszudrücken, ging er 1889 nach Paris.

In der Akademie Julian, dem Atelier, das die Pflanzſtätte ſo vieler franzöſiſcher und ausländiſcher Talente geworden iſt, hat auch er ſeine Studien vollendet. Künſtler von ſolch poſitivem Können wie Lefèbvre, der Maler der Bérité im Luxembourg, Benjamin Conſtant, der vorzügliche Aktmaler und Porträtiſt, waren damals die Berater der jungen Maler, die Art, wie ſie aus der Fülle ihres Wiſſens korrigierten, iſt vielen das Richtmaß für ihr ſpäteres Schaffen geblieben. Welches ernſte Streben in den Räumen dieſer freien Akademie herrſchte, der von dem heute ſo ominöſen Begriff nur der Name anhaftet, iſt in Marie Baſhkirtſeffs Tagebuch recht anſchaulich geſchildert, die wenige Jahre vorher durch dies Atelier hindurch gegangen war, und uns die Damenklaſſe beim Aktmalen in einem lebendigen Bild überliefert hat. Zu Hofmanns Zeit ſtudierte dort noch Pietſchmann, der Maler lebendiger Lichteffekte, und der neuerdings in Deutſchland durch ſeine geſchmackvollen Interieurs und durch ſeine Porträtlithographien bekannt gewordene Engländer W. Rothenſtein und Jacob Alberts, der Maler der Halligen. Von Karlsruhe aus Kellers Atelier her kannte er Georg Tyrahn, den kaum nach Verdienſt beachteten Meiſter delikater Stimmungen in geſchloſſenen Räumen.

Paris war für Hofmann die endliche Befreiung! Weit über das Atelier Julian hinaus hat er ſeinen Blick umher gehen laſſen und er nahm alles in ſich auf, was ſeinen Zwecken dienen konnte: er hat in verhältnismäßig kurzer Zeit Entſcheidendes dort gelernt und vor allem: größere äußere Eindrücke verwirrten ihn nicht mehr, ſondern brachten ihn mit ſich in Einklang.

So kann man auch nicht sagen, daß ihn die beiden Meister, in deren Bann er dort kam, Puvis de Chavannes und Besnard, ganz neu beeinflußten, viel eher hatte ihre Kunst für ihn die Bedeutung, daß sie ihm seine Wünsche und Ziele in der Vollbilden; die weite Raumgestaltung, der große Zug der einfachen, in ihrer Einfachheit so natürlichen Komposition; Gestalten, Gruppen, Bäume sind mit jener architektonischen Klarheit verteilt, die sie wahrhaft dekorativ macht.

Abb. 10. Versuchung. Ölgemälde.
Photographie-Verlag der Photographischen Union in München. (Zu Seite 22.)

endung zeigten. Er sah hier erreicht, was ihm selbst als Höchstes erschien.

An Puvis de Chavannes, dem großen Stilisten, dem einzig monumentalen Talent unter den modernen französischen Malern — fast möchte man nicht bloß französischen sagen — berührte ihn die große Haltung der Figuren, ihr stilles Nebeneinander und wunderbares Sich-Einfügen in die Landschaft, mit der sie so völlig ein Ganzes

Und Besnard! Er mußte ihm als Antipode Puvis' erscheinen, dies bewegliche Talent, das sich jedem haschenden Sonnenstrahl an die Fersen zu heften vermag, dem das Leben eines Gegenstandes erst mit dem Darübergleiten des Lichts beginnt, der die äußere Erscheinung, das Wesen und Atmen der Oberfläche an lebenden und toten Körpern so unübertrefflich beherrscht, und so oft vorführt, daß er darüber selbst seine ebenso starke, tiefe geistige Anlage fast vergessen gemacht hat.

In Deutschland kennt man ihn fast nur Ufer keine Zeit, sich in sein Familienbild hineinzufinden, das daneben hing: Kinder im Vordergrund, dann im Profil dicht

Abb. 11. Studie zu dem Gemälde „Frühlingssturm" (Abb. 12). Kohlezeichnung.

als den genialen Feuerwerker. Als er 1895 in Berlin ausstellte, fand man vor Lachen über seine beiden Ponies in der Sonne am Rahmen die Mutter, und hinten im Zimmer Besnard selbst vor dem offenen Blick ins Freie. Das Ganze nicht bloß als eine farbige Harmonie einzig und in allem Technischen unübertrefflich; es war eines der Beispiele dafür, wie wunderbar glücklich dem Franzosen jeder feinste, anmutigste Ausdruck zu Gebot steht, wenn ihn eine wirklich echte und tiefe Empfindung über die uns immer befremdende romanische Pose hinaushebt. Das Bild hat auf Hofmann, der es in Paris sah, einen tiefen Eindruck gemacht. Er hat es

jeder Lebensäußerung, die erfrischend und tröstlich wirkt bei einem Künstler, der das Handwerk beherrscht, wie nur einer von den „l'art pour l'art-Malern", von jenen großen Technikern, deren Bilder nach Zolas Definition „ein Stück Natur durch ein Temperament gesehen" sind, und der doch diese Kunst nicht bloß an Bilder, die mehr oder weniger Stillleben sind, verschwendet.

Stück für Stück von diesen Wandbildern

Abb. 12. Frühlingssturm. Ölgemälde. (Zu Seite 29.)

so genau angesehen, daß er aus der Erinnerung die Komposition getreu in einer Skizze fixieren konnte. Noch stärker ist der Einfluß von Besnards Wandbildern in der École de Pharmacie gewesen. Sie könnten als das gerade Widerspiel von Puvis' dekorativer Kunst gelten. Mit der größten Freiheit, die überall fast wie Impression wirkt, schildern sie die Gewinnung der Heilmittel, Szenen des täglichen Lebens, in Innenräumen und Landschaften, malerisch und immer wieder malerisch, aber trotzdem oder darum von jener Innigkeit des Ausdrucks und von einer Freude an

hat Hofmann — in Gemeinschaft mit einem Studiengenossen — kopiert, von den Hochbildern, wahren Mustern kühner und dekorativer Verteilung, den leuchtend hellen Farbenflächen, bis zu den kleineren Sockelstreifen, die als Gegenbilder zum täglichen Leben oben Urweltszenen schildern, wunderbar phantastisch und mit poetischer Energie durchlebt: ein Urmensch auf einem Uferfelsen schnitzend, einherziehende Elefantenherden, weiße Rosse vor der blauen Fläche des Sees. Hofmann wußte, was sie ihm wert waren, als er sie kopierte.

Suchend und unschlüssig ist Hofmann

in die Akademie Julian eingetreten, aber noch in dieser Pariser Zeit hat er für sich Studien gemacht, aus denen ein durchaus persönlicher Zug spricht. Im Atelier beim Aktzeichnen war ihm mancher noch überlegen; dafür war er den meisten in der Komposition voran. Jeden Sonnabend fanden unter Klausur Konkurrenzen statt: wer den besten Entwurf lieferte, durfte in der folgenden Woche sich den günstigsten Platz beim Aktzeichnen aussuchen. Hofmann hat sich diesen Preis oft erworben. Die kleine Oelskizze,

die mit stets offenen und empfänglichen Augen erfaßten Dinge mit einem untrüglichen Gedächtnis bewahrt wurden; und das bewährt sich schon hier.

Alles, was sich an Skizzen aus dieser Zeit erhalten hat, verrät doch mehr als bloße Sicherheit der Hand. Es liegt schon ein starkes Wollen in diesen flüchtigen Kreide- und Pastellstudien — sie bedeuten mehr als jene bloßen Ausschnitte, die, ach wie oft, mit der Frische des ersten Eindrucks hingeworfen, glänzende Versprechungen machen

Abb. 13. Das verlorene Paradies. Ölgemälde.
Photographie-Verlag der Photographischen Union, München. (Zu Seite 24.)

Heimkehr des verlorenen Sohnes, gehört zu diesen siegreichen Arbeiten.

Das Städtchen im Tal versinkt schon in Dämmerung und wie ein Schleier legt sich der Rauch der Kamine darüber; die weiche, trauliche Stimmung des Abends paßt gut zu Heimkehr und Wiedersehen; sie führt die beiden erschütterten Menschen rascher zusammen. Die Gestalt des Vaters ist noch konventionell, schülerhaft, aber die Gebärde des Sohnes wiegt sie in ihrer Wahrheit auf. Vorbereitung oder Studien nach dem Modell gab es dafür nicht. Dies kleine Bild konnte also nur gelingen, wenn

und nichts halten. Man kann sagen, daß der vergleichsweise langsam und spät gereifte Künstler, sobald er sich im Besitze seiner Kräfte fühlte, auch nicht mehr ohne großen Anlaß sich regte. Er hat den Ehrgeiz großer Motive oder er sieht sie nicht anders. So findet er im Park von Fontainebleau heroische Landschaften: man könnte glauben, die Campagna habe ihm die Inspiration gegeben. So wecken die Stämme in dem Stückchen Wald (Abb. 6), das aus eigener Anschauung in Frankreich entstanden ist — lange bevor der Grunewald entdeckt wurde — den Eindruck der im posanten Höhe, so schaukelt das Spiegelbild des Abendsterns neben den magisch leuchtenden Abendwolken, seltsam groß über dem Wasserspiegel her (Abb. 4); ruhig und weit wirkt dies Motiv aus der Bretagne wie die in der lichtlosen Dämmerung doppelt öde und riesige Düne mit den zwei darin fast verschwindenden Frauen (Abb. 5). Schon ist ihm hier, kaum diesseits der Schwelle der Schule, die Malerei wie in Ausstellungen machte. Er gehörte zur Vereinigung der XI, die sich Anfang der neunziger Jahre an die Öffentlichkeit wagte. Denn ein größeres Wagnis als heute war es, sich damals dem Publikum und der Kritik zu stellen. Es waren ja noch barbarische Zeiten: noch engagierte sich das Publikum nicht so eifrig und rasch für alles Neue, gleichgültig ob gut oder schlecht, wie heute, denn noch fehlte ihm die führende Kritik,

Abb. 14. Studie zu dem Bild „Frauen am Meer" (Abb. 16). (Zu Seite 90.)

den reifen Jahren vorwiegend „Raumkunst", der fertige Eindruck bereits in der Skizze erreichbar, das gefälligste Ausdrucksmittel für diese rein malerischen Wirkungen das Pastell.

Größere Sicherheit, und in so kurzer Zeit, hat Paris wohl selten jemandem gegeben. Die rasche Reise mußte ihn für Schwanken und Zweifel während der Lehrjahre entschädigen.

Solche Stimmungen hätten nun freilich wieder von neuem einsetzen können, als er seit 1890 in Berlin ansässig, seine ersten die den Intentionen der Künstler bis in jedes in ihrem Atelier gesprochene Wort hinein pietätvoll folgte. Noch kam nur das Bild, nicht die Parole von der Staffelei! Keine Spur jener Einstimmigkeit, die heute der Kritik in ihrer Gesamtheit eigen ist.

Es war noch eine Leistung, für einen homo novus einzutreten, wie Wilhelm Bode in den preußischen Jahrbüchern, und in der „Gegenwart" Cornelius Gurlitt es damals that, der diese Jahre von 1891—1893 die Kampfjahre für die moderne Kunst in Berlin nennt. Schrie das Philistertum damals wirklich so laut, oder muteten ihm die jungen Künstler in ihrem Übermut und um nicht schuldlos leiden zu müssen, wirklich so grausame Dinge wie rote Bäche, blaue Bäume und grüne Himmel zu?

Gerade an Hofmanns Bilder heftete sich die Entrüstung über ganz unerhörte Farben — Farben, die nirgends vorkämen, die niemand bisher — der Beschauer schon gar nicht — gesehen habe. „Nein!" rief Gurlitt ihnen zu, „aber seit Hofmann sehe ich sie".

Noch heute scheinen dem ungeübten, des gehörend, nach den Klängen der Flöte, die ihm ein dämonischer, dunkler Gesell bläst: Kellers Romeo und Julia auf dem Dorf (Abb. 7). Der Dichter, dem von seiner unglücklichen Liebe zur Kunst die Gewohnheit geblieben war, alle seine Situationen auch als Maler zu sehen, hat hier einen Maler gefunden, den der Natureindruck so ganz ausfüllte, daß ihm lebendige Dichtung daraus wurde. Und darum läßt sich wirklich nichts Einzelnes aus seinen Bildern lösen, sie sind nicht Farbe, Landschaft, Figuren,

Abb. 15. Studie zu dem Gemälde „Frauen am Meer" (Abb. 16).
Kreidezeichnung. (Zu Seite 30 u. 90.)

Sehens entwöhnten Auge diese Farbenwillkür und Erfindung, anderen, die mit gutem Willen oder nicht mit bösem daran kamen, gelten sie als die Hauptsache, das Ziel des „Koloristen". Daß diese Bilder mehr als Farbenrausch sein wollten, oder jedenfalls sind, die Erkenntnis ist damals und später wenigen aufgegangen.

Man braucht nur die kleine Ölstudie anzusehen, zu der ihm die Motive von zwei Seiten gekommen sind: ein Stückchen Grunewaldsee im schimmernden Dunst der Abendsonne; am sandigen Ufer tanzt ganz vertieft ein Pärchen, nur sich und dem Tanz

Stellungen, Anordnung für sich, sie sind wie jedes richtige Erlebnis aus einer Unzahl feiner Erregungen, instinktiver Schwingungen hervorgerufen als ein Ganzes. Daß ihm der Ausdruck seiner Empfindung immer klarer gelang, daß er die Mittel dafür immer sicherer beherrschen lernt, sie immer unauffälliger diesem Zweck dienen zu lassen weiß, darin liegt seine Entwickelung in den letzten zehn Jahren.

Es ist uns heute ganz unverständlich, daß ein Bild wie der „Frühling" (Abb. 9), die drei Mädchen auf der Waldwiese, einmal Widerspruch geweckt haben sollte. So

Abb. 16. Frauen am Meer. Ölgemälde. Städtisches Museum in Magdeburg. (Zu Seite 29, 35 u. 90.)

harmlos und schlicht, so gar nicht herausfor= dernd in Farbe oder Bewegung ist es aber viel= leicht gerade darum so unver= ständlich geblie= ben. Eine Wiese am Waldrand im Abendlicht: am Ufer des Baches, der sie durchzieht, ein paar Mädchen. Man fragt nicht wo sie herkom= men, wo sie sonst leben mögen, sie gehören hierher in ihrer Träu= merei gerade wie die Hirsche, die aus dem Wald zum Bach schreiten.

Überall Le= ben, eines vom anderen unge=

Abb. 17. Kreidestudie. (Zu Seite 30.)

stört, reizend ge= dankenlos und unbeobachtet. Einen unreifen, eckigen Körper wie den des klei= nen Mädchens vorn (Abb. 8) hatte noch nie= mand zum Ge= häuse so lieb= lichen Sinnens zu machen ge= wagt; es träumt in jeder Linie wie das im Hin= tergrund mit dem ganzen eben noch ruhenden Körper auf= merkt, so ge= spannt und ge= spitzt genau wie der Hirsch, der da hinten her= ausgetreten ist. Die großen Ein= drücke von Pu= vis de Chavan= nes haben hier

Abb. 18. Kohlezeichnung. (Zu Seite 30.)

ein deutliches Echo, aber es ist doch keine Entlehnung in diesem ganz selbständigen, in jedem Zug jugendlichen Werk. Noch hat die Farbe jenes vornehme, etwas kalkige Grau der Werke Puvis', noch sind sehr gewissenhaft und fast peinlich die einzelnen Gründe durch Bäume, Figuren markiert, getreu dem eben stellung in Berlin, da er noch lebte. Es war ihm nicht bestimmt, den Erfolg seines Strebens zu sehen oder überhaupt auch nur durch seine eigenen Werke zu erreichen. Er ist nach seinem Tode so unbekannt, wie bei Lebzeiten, das wenige, was er vollendet hat und das viele, was Entwurf

Abb. 19. Aktstudie zum „Idyll". Zeichnung in schwarzer und weißer Kreide.
(Zu Seite 32.)

Gelernten, der Raum durch diese klassischen Mittel vertieft.

Aber neben den großen französischen Stilisten war zu Anfang der neunziger Jahre für Ludwig von Hofmann ein anderer Lehrer getreten: Hans von Marées. Auf der Münchener Ausstellung von 1892 waren seine Bilder zu sehen; sie hatten damals, fünf Jahre nach des Künstlers Tod, so wenig Erfolg wie bei ihrer Aus-

blieb oder durch eine nicht enden könnende Ausführung verdorben war, führt wie einst sein Schöpfer ein weltfernes Dasein. Niemand, der in der Villa Nazionale in Neapel spaziert, ahnt, daß er nur eine Nummer des Konzerts zu versäumen braucht, um in der zoologischen Station Wandbilder von Marées zu sehen, deren Adel und hohe Gesinnung sicher einmal der Stolz moderner deutscher Kunst sein werden, und wie un-

Abb. 20. Idyll. Ölgemälde. (Zu Seite 31 u. 90.)

endlich viele mögen das Haus betreten haben, um sich an den gefüllten Aquarien über die Fauna des Mittelmeers zu unterrichten, ohne jene Gemälde zu sehen, die alle Empfindung von Neapels Herrlichkeit wahrhaft schön in Bilder fassen. Kaum einer von all den Besuchern Münchens kennt seinen Nachlaß in der schönen Galerie des Schleißheimer Schlosses, wenige Stationen von München, prächtige Zeichnungen und Kompositionen, Porträts von kühner und tiefer Auffassung, an denen Lenbach lernte, dann Bilder, die er in völliger Unklarheit über sich immer wieder mit Farbe überstrich, bis die Formen fast unkenntlich geworden waren.

Mehr als seine Werke gehören sein Charakter und sein Wollen der Kunstgeschichte an; sie haben ihr Echo gefunden in Feuerbachs ernster und feierlicher Kunst, in den Werken jener „Neu-Römer", wie man seinen Kreis genannt hat. Der Bildhauer Hildebrand kommt daher und Volkmann, ihnen folgt als Epigone Tuaillon.

Marées' Wunsch und Ziel war die Gestalt im Raum, nicht irgend eine zufällig beobachtete, sondern der Mensch als Typus wie er sich als Abstraktion aus unendlichen Studien ergibt und nicht der plötzlich vorüberhuschende durch Zeit, Tracht, Gewöhnung bedingte Eindruck einer gleichgültigen Bewegung, sondern die allgemein gültige Urbewegung als Spiel der Kräfte in diesem Menschentypus. Das hat Marées in allen seinen Kompositionen mit Stift und Pinsel vertreten; es geht still her in seinen Bildern und ein feierlicher Zug ist allen eigen. Vornehm schlanke Figuren zwischen Bäumen oder Säulen, dann wieder sitzend, sich beugend, Gewinde oder Früchte langend und reichend. Alles was in ihnen vorgeht ist nicht das Un-

Abb. 21. Studie zum „Idyll". (Zu Seite 32 u. 90.)

gewohnte, Unerwartete, Augenblickliche was von einem beobachtet des einen künstlerisches Eigentum ist, sondern das immer Wiederkehrende, das Bestehende, daran er dem Beschauer Freude und Genuß vermitteln will. Es ist kein Zufall, daß gerade Bildhauer sich an Marées angeschlossen haben. Wenn Ludwig von Hofmann, der eben von Besnard herkam, sich zu dieser Kunst hingezogen fühlte, so brauchte er

Höhen zuführt, genau wie Herakles sie am Scheideweg sah und wie sie sich immer wieder zeigt, um rüstige Wanderer vom Ziel abzulenken. Solche Bilder nennt der „naive“ Beschauer kopfschüttelnd symbolistisch. Und doch sollte man sich, ehe man dies für viele einem Verdammungsurteil gleiche Wort abgibt, klar machen, daß das Symbol unter den einfachsten menschlichen Bildern zum Beschauer spricht, daß alles, was es enthält in

Abb. 22. Frühling. Ölgemälde. (Zu Seite 34.)

nicht zu verbrennen, was er angebetet hatte: wohl war es der hohe Stil der Gebärden, was ihn gefangen nahm, der Rhythmus der Anordnung, aber vor allem der Reiz der Gestalt im Raum, des Körpers vor dem tiefgefärbten Grund.

Es ist schon ein Tribut an Marées, wie er die „Versuchung“ (Abb. 10) komponiert; nicht irgend eine mythologische, legendarische, romantische, sondern die Versuchung. In lockender Schönheit zeigt sie sich neben dem Pfad, der auf die fernen

dem Bild, nicht hinter ihm liegt. Der jugendliche Wanderer im Schritt gehemmt, den Speer zur Waffe und zum Stab gleich tauglich in der Hand, von seinem sonnigen Platz wie widerwillig zu der Gestalt gewandt, die in offener Schönheit am schattenden Baum lehnt, und die von den hohen Schneegipfeln in der Ferne, seinem Ziel, den Blick abzulenken sucht. Nichts als Gebärden sprechen hier, was zwischen den Gestalten herüber und hinüber geht. Darum sind sie, ob instinktiv oder planvoll, so klar über

Abb 23. Frühlingserwachen. Ölgemälde. (Zu Seite 35, 48 u. 75.)

24

den Horizont erhoben und gegen die Luft
gesetzt. Bei all der geistigen Freiheit
herrscht in der Zeichnung eine Gebunden=
heit, die manchem noch mit Recht akademisch
erscheinen wird. Fast jede Linie des einen
Körpers hat ihre freie Parallele im anderen,
von dem Baumstamm und dem Speer an
bis zu der ausgebogenen Armlinie und der
eingezogenen Hüfte, und ebenso streng sind
die Hauptachsen, die senkrechte und die
wagerechte Richtung gewahrt. Gewiß mit
Absicht und mit der ganzen Energie, die
dem eben Bekehrten eigen ist, wenn er

Das verlorene Paradies (Abb. 13) ist
damals, in der Hauptidee wenigstens ent=
standen. Noch herrscht Symmetrie, aber wo
sie zerrissen ist, wie bei der Bewegung im
Oberkörper der weinenden Eva, wirkt das
Seelische dadurch nur um so eindrücklicher.
Zur stilvollen Haltung im großen tritt hier
die frisch beobachtete Gebärde, und beide
vertragen sich.

*   *   *

Hofmann hat immer das Glück gehabt,
von großen äußeren Eindrücken in seinem

Abb. 24. Hesperiden. (Zu Seite 35 und 75.)

eine neue Wahrheit vertritt, ist hier „Stil"
gesucht und glücklich gefunden. Das ist
die klare Sprache, die dem inneren Vor=
gang den vernehmlichsten Ausdruck gibt;
seit jenem ersten Versuch, mit dem er
Marées huldigte, hat der Künstler sie selbst
weiter gebildet, sie um Nuancen bereichert,
fast möchte man sagen an Stelle des Wortes
den Ton, statt der Gebärde den Blick ge=
setzt; immer unmerklicher wird die künst=
liche Anordnung und man steht unter ihrem
harmonischen Eindruck wie etwas Selbst=
verständlichem.

Streben mehr bestärkt als überwältigt zu
werden. Oft scheint irgend etwas in ihm
nur auf den Anstoß gewartet zu haben,
um sich bei der geringsten sympathischen
Berührung aufs reichste zu entfalten; so
wird für ihn Italien nicht das über=
wältigend Große, wie für so viele, das ihn
zuerst verwirrt, um ihn dann in eine neue
Bahn zu zwingen; der große Zug der
Landschaft, die Weiträumigkeit und die ein=
fache Form, waren ihm nicht neu. Schon
in Frankreich, wenn er Motive aus dem
Park von Fontainebleau gezeichnet hatte,

konnte man glauben, die Campagna habe ihm dazu die Inspiration gegeben.

Paris nahm in Hofmanns Leben die episodische Rolle ein, die ihm gebührt. Wie nur einer hat er zu schätzen gewußt, was

sein, aber nur, um einem weiteren Zweck zu dienen. Sein Empfinden war zu deutsch, sein Innenleben zu zart, um bei jener verstandesklaren Lehre, der „Temperament" in Auge und Hand alles ist, stehn zu bleiben.

Abb. 25. Frauen am Wasser. Ölgemälde. (Zu Seite 35, 76 u. 77.)

dem modernen Maler die französische Kunst mit ihrem großen Ernst in allen technischen Dingen bieten kann. Auch ihm mag jene handwerkliche Höhe, die Kunst des Malenkönnens, bei der so viele in Paris bewundernd resignierten, wünschenswert erschienen

Er gehört zu den wenigen Auserwählten, die das Bild der Natur noch mit anderen Organen, als durch solch ein Temperament in sich aufnehmen und wiedergeben, zu denen, die in der heimatlichen, wie in der fremden Natur immer gleich deutsch empfinden, und die auch ein glückliches Land aufsuchen ohne Schaden an ihrer Nationalität, denn nicht die Dinge vor ihren Augen, sondern ihre Empfindung von den Dingen machen ihre Kunst aus.

bekennt sich rückhaltslos dazu: nach Paris führt den Deutschen der Kopf, nach Rom zieht ihn das Herz. Manchem ist es trotzdem verschlossen geblieben: Ludwig Richter kam ohne merkliche Eindrücke heim.

Abb. 26. Badende Frauen. Ölgemälde in farbigem Rahmen. (Zu Seite 36.)

An welchem unserer modernen Techniker in Deutschland — außer Uhde natürlich — ließe sich der geringste deutsche Zug wahrnehmen?

Bei einem solchen Künstler kommt Italien zu seinem Recht und Hofmann

Aber Hofmann hatte ja den Süden und südliches Leben gemalt, viel früher als er ihn hat schauen dürfen. Als er nun 1895 für Jahre in Italien seinen Aufenthalt nahm, muß es ihm von allen Seiten wie Bekanntes, schon einmal Geschautes und

Empfundenes entgegengekommen sein. Aber nach jenen Träumen von einem glücklichen Land, die in seinen Bildern Gestalt gewannen, fand er hier das wirkliche Arkadien.

Humanistische Bildung und ästhetische Kultur, die er von Hause wie jeder Deutsche mitbrachte, haben ihn nicht am harmlosen Genießen gehindert, wie so viele vor und neben ihm, denen sie aus düstern Trümmern und über sonnige Golfe pedantisch ent-

In der Campagna die weiten Züge, das Wogen der Hochebene, Brust und Blick weitend, majestätisch überwältigend groß, und dann wieder in den Ruinen still und lauschig und verträumt. Auf Capri und Ischia das Meer, gegen Felsenufer brandend, das Meer der Griechen. Noch heute, wie vor Tausenden von Jahren, Menschen daran, die dicht neben der modernen Kultur, von ihr vernachlässigt, um sie unbekümmert, bedürf-

Abb. 27. Reiter am Meer. (Zu Seite 36.)

gegenwehten. Ihn hatten sie hergelockt und ihm den Blick geöffnet. Nun ließen sie ihn ungehindert seinen Weg weiter finden. So genoß er nur mit den Augen, nahm nur mit ihnen auf, und war an den klassischen Gestaden reichlich zufrieden und beglückt genug, ohne an Horaz und Vergil zu denken.

Für das was in ihm lebte, boten sich ihm die Urbilder auf Schritt und Tritt, immer wieder fanden seine Träume die noch lachendere Wirklichkeit.

nislos ihr einfaches Leben führen, Modelle allenthalben! Der Maler des Idylls findet es überall, auf den römischen Straßen wie bei den Hirten der Campagna, am Strand von Capri wie auf dem Tiberkai. Hier ist noch für den Künstler im Alltäglichen eine Welt voller Leben; anders als im Norden, wo jeder Mensch sich unter dem Zeichen seines Berufes zeigt, der ohne ihn auszufüllen, ihn für alles andere unempfänglich zu machen scheint; „scheint", denn so sieht ihn der Künstler, und von

Abb. 28. Studien zu einem der drei Reiter (Abb. 27).

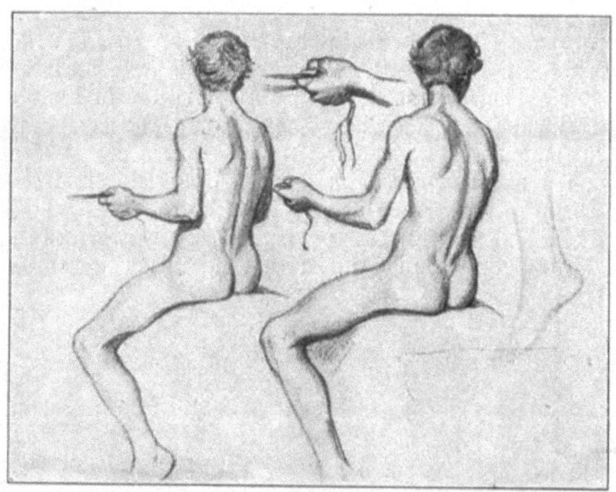

dessen Welt ist die Rede, von der Welt, die sich im Auge spiegelt. Da sieht alles geschäftsmäßig aus, wie in vorgeschriebener Bahn, kein augenblicklich erwachender Gedanke, kein plötzlich aufsteigender Instinkt, der ihn in einer neuen Richtung bewegte, also kein Spiel freier Kräfte, in dem sich Wesen, Eigenart, Charakter, kurz Leben äußert.

Wie reich findet der Künstler da Italien, „des Lebens holden Tag begrüßend“. Hier scheint aller Zwang der Notwendigkeit

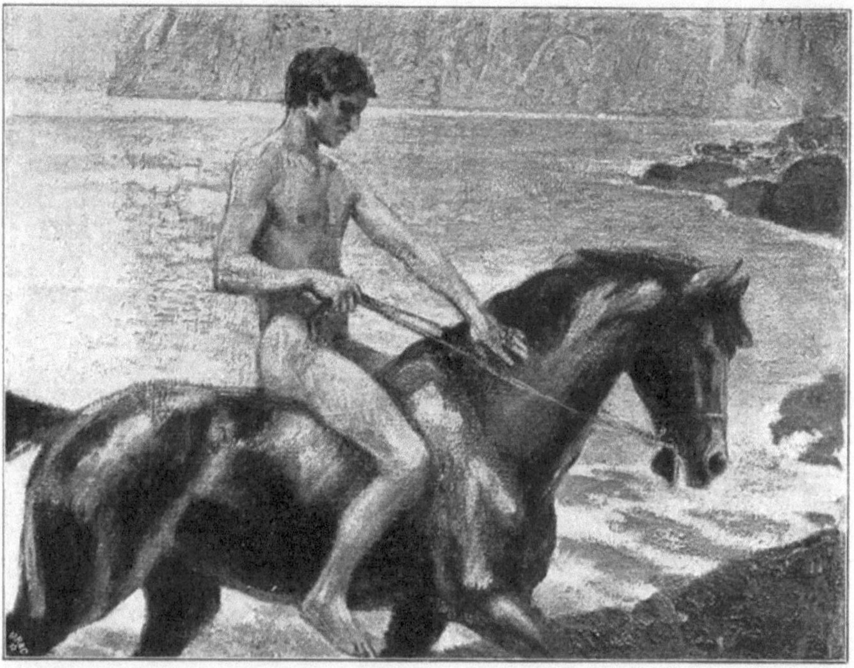

Abb. 29. Reiter. Ölgemälde. (Zu Seite 36.)

aufzuhören; nichts von Schranken, von hemmender Not! Dumpfheit und Enge, die Begleiter der Armut, sind verschwunden, in freier Luft, ungezwungen äußert sich das Leben, keine Bewegung ist gebrochen, keine Regung abgeschwächt, alles sprudelt wie der Instinkt es treibt, hervor, überraschend und fortreißend, anlockend und beglückend wie ein Wiederfinden der verlorenen Natur selbst.

Und dies Leben, dies ewige Schauspiel der Leidenschaften, großer und kleiner Triebe wird vor dem Künstler gespielt von einer

So malt er den Frühlingssturm (Abb. 12). Riesige Wolken ballen sich über dem tiefdunkeln, verderbendrohenden Meer. Die ersten Windstöße, von denen die Möwe sich tragen läßt, jagen Schaumkämme durch die schwarze Fläche, sie fassen Haar und Gewand der drei Menschen, die durch das Tosen der Elemente in begeistertem Schritt dem frühlingverkündenden Sturm entgegeneilen. Ihnen weckt der Aufruhr dithyrambische Lust; sie sind eins mit der Natur, von der sie nichts Feindseliges fürchten können. Vertraut kommt es ihnen aus dem

Abb. 30. Reiter. Pastell. (Zu Seite 37.)

Rasse, der die Natur jede Gabe der Schönheit in die Wiege legte. Jede Äußerung wird in der freien Luft klar und groß; diese Gebärden, zwingend im Ausdruck und einfach, weil sie durch nichts in ihrer Bewegung gehemmt sind, wie die Natur selbst, sie berühren Hofmann tief und heben seinen künstlerischen Ausdruck über sich hinaus.

Jetzt kommt ein leidenschaftlicher Zug in das früher so stille Leben seiner Figuren, gewiß durch die Größe der südlichen Natur, die in jeder ihrer Äußerungen, vom Element bis zum Menschen immer wieder überrascht und bezwingt.

All entgegen, dem sie sich jubelnd in die Arme werfen.

Wie im Morgenglanze
Du rings mich anglühst
Frühling, Geliebter!

In den „Frauen am Meer" (Abb. 16), ist es die Salzluft, der sprühende Schaum, das Tosen der Brandung, dem die vorderste sich entgegenwerfen möchte mit ihrem ganzen Wesen, das sie mit instinktivem Ruf grüßt, um sich ihm ganz hinzugeben.

Ein bloßer Natureindruck, badende Frauen, die er von irgend einer Klippe auf Capri etwa beobachtete und in ihren momentanen Bewegungen mit fliegendem Stift festhielt (Abb. 15), gab ihm das Motiv, aber aus dem alltäglichen Griff der Arme in das nasse Haar wurde diese hinreißend leidenschaftliche Geste für den elementaren Ausbruch jubelnden Entzückens. Das Pathos braucht man in Italien nicht lange zu suchen, fast in jedem Gesicht glaubt man anfangs ein großes Schicksal zu lesen, unaufhörlich bietet sich dem Auge in den gewöhnlichsten Vorgängen hier eine Stellung, dort eine Gruppe, die für die bedeutendste Szene großartig genug wäre. So etwas Tragisches hat die Gruppe der alten Frau mit dem Kind an ihrem Knie, die zwar nichts als eine alte Bettlerin, sich aber kaum anders gebärden könnte, wenn sie die alte Herzogin von York mit ihrem letzten Enkel vorstellen sollte (Abb. 17). So glückselig strahlend ist die Mutterliebe in der jungen Frau (Abb. 18), die ihr Kind im Überschwang von Zärtlichkeit hoch auf den Händen wiegt und das unbeholfene Kleine in ihren Armen zerdrücken möchte. Für alle solch rein menschlichen Züge bietet Italien eine Fülle entzückender Bilder: man ist dem Urzustand des Menschen dort näher als im Norden. Und den suchte Hofmann ja,

ihn zu finden, mußte ihn immer wieder beglücken.

Gerade während dieser Jahre in Italien offenbart sich ihm das goldene Zeitalter in einer Reihe von Szenen, die voll Unschuld und glücklicher Verträumtheit die Phantasie in ein ersehntes Land zu führen scheinen.

Als Maler des Idylls hat der Künstler nicht viel Ahnen: pompejanische Wandbilder, allenfalls Botticellis und Pier di Cosimos Venus und Mars, Giorgiones und Tizians rätselvolle Bilder könnte man dazu rechnen; dann kommen die eigentlichen gepuderten Hirten, die zopfigen Pärchen en miniature auf Almanachkupfern, die Krone von allen Geßners zärtliche Bildchen, die mit den Versen zusammen genossen sein wollen und, Kunstwerke im kleinen, ja wohl alles geben, was die Zeit hervorzubringen vermochte, aber nicht mehr. Puvis de Chavannes scheint dann in seinen monumentalen Wandbildern oft jenen glücklichen Gefilden nahezukommen, aber auf seinen Gestalten liegt etwas Dumpfes, noch nicht zum Bewußtsein Erwecktes — und was jene anderen wollen, ist doch mehr ein Ausdruck von Sehnsucht nach dem natürlichen einfachen Zustand, ein Produkt der

Abb. 31. Hirten. Ölgemälde. (Zu Seite 38 u. 78.)

Abb. 32. Kohlezeichnung. (Zu Seite 38.)

Phantasie, die sich in heiteren Bildern ergeht.

> Da war es heute wie morgen;
> Da lebten die Hirten, ein harmlos Geschlecht
> Und brauchten für gar nichts zu sorgen.
> Sie liebten und taten weiter nichts mehr,
> Die Erde gab alles freiwillig her.

Es war ein Wagnis von Hofmann, in unserer Zeit der Ehrensäle und Schlachtenbilder, auf die Ausstellung eine riesige Leinwand mit überlebensgroßen Figuren zu schicken, die nichts bedeutete, nichts sein wollte, als ein „Idyll" (Abb. 20).

Auch dies Werk konnte nur in italischer Luft gereift sein. Der einfache Vorwurf, lässige Ruhe und die mäßige Bewegung des Haaraufsteckens einer sonst ruhigen Figur, hat eine Größe angenommen, daß sich der monumentale Maßstab des Bildes von innen heraus rechtfertigt. So majestätisch streckt sich die Kraft des braunen Jünglingskörpers, und so stolz und einer Göttin gleich hebt das Mädchen ihre Arme. Es sind Menschen von einem heroischen Geschlecht, die sich so geben, und die Natur unberührt und kraftvoll wie sie, gibt ihnen den Hintergrund. Vom dunkeln Grün des Rasens und der Baummassen hebt sich der braune Leib, und vor den weißen Wolken leuchtet im goldigen Licht und goldigen Schatten der blühende Mädchenkörper.

Abb. 33. „An die Freude". Dekorativer Entwurf. (Zu Seite 38.)

Mit großer Sorgfalt waren die Gestalten vorbereitet; beide im ganzen und allen Einzelheiten liebevoll durchstudiert. Besonders sorglich wurde die Bewegung des Mädchens überlegt. Die eine Studie gibt die Haltung im ganzen einfach nach einem robusten Modell, auch schon die linke Hand mit gleichsam nach Nadeln tastenden Fingern (Abb. 19). Die zweite steht schon in der Grazie ihrer Beugung der Idee des Künstlers näher (Abb. 21); vor dem Modell überkam ihn die Freude, so daß sie im Flug mit ganz wenigem fertig wurde. Und schließlich hat er für die Ausführung doch noch das glücklichste weil größte Motiv gefunden: in ganzen vollen Güssen winden die Hände das Haar um den Kopf, und die schönen Arme regen sich nicht für eine kleine Bewegung der Finger, sondern haben ein Recht, so vor dem leuchtenden Himmel zu stehen. So ist alles wirklich groß und kraftvoll, monumental; dem Eindruck zuliebe hat der Maler wohl auch den Kontur der schönen Frauengestalt durch diesen schweren, roten Rock unterbrochen, der, bis an die Knöchel reichend, einen verletzend alltäglichen Zug hineinbringt; aber er brauchte vielleicht auf dieser lichten Seite ein farbiges Gegengewicht gegen die Schwere der anderen Hälfte, und so opferte er die verlockend

Abb. 34. Dekoratives Gemälde. Nach der Photogravüre im Verlag von Keller & Reiner, Berlin. (Zu Seite 43.)

schönen Linien, die sich vor dem Wasser=
spiegel gar zu zart ausgenommen hätten.

In mannigfachen Variationen kehrt
das Idyll bei Hofmann wieder: Menschen,
in erwachender Landschaft, zwischen knospen=
den oder blühenden Bäumen, auf blumigem
Rasen, vor weißen flüchtigen Wolken oder
dem kaum bewegten Wasserspiegel, alles
jugendlich, unberührt, von keiner Not und
Sorge bedrückt, ein Bild der wiedergefunde=
nen Natur selbst, und darum eben dem

Frühling und Idyll sind die Namen,
die man, eins so gut wie das andere,
fast unter alle diese Bilder setzen könnte;
der Frühling gibt jedesmal auch die male=
rische Grundstimmung. Hell sieht es auf
allen aus; und die frischen, zarten Farben
sind wie ein Ausdruck der Stimmung in
den Gestalten, die sich selig, ruhig durch
die erwachende Natur hinbewegen, und ihr
oft als leuchtende Punkte den noch fehlen=
den Blütenschmuck ersetzen.

Abb. 35. Studie zu dem dekorativen Gemälde (Abb. 34). Kohle und Pastell.

Ideal, unserem nordischen Ideal näher, das
sich aus der Enge hinaussehnt. In diesen
Figuren scheint es erreicht; so wenig Sehn=
sucht spricht aus den Gestalten, so wenig
scheint ihnen zu wünschen übrig, so eins
ist ihr Leben mit ihrer Umgebung; kein
Leid oder Schicksal treibt diese Menschen,
nur seliges Beharren; und das holde
Sinnen reicht nicht weit. Kein anderes
Handeln als das worin sich die Freude an
der Umgebung äußert, sanftes Werben, sich
zueinander finden, Blumen pflücken, Früchte
langen.

In die leuchtende Helligkeit des Rasens
werfen die noch kahlen Bäume ihre
Schatten, aber schon biegt sich ein Ast mit
frischen Blüten herab zu dem Knaben, der
mit allen Sinnen den duftenden Blüten
entgegenstrebt (Abb. 22). Im dürren Rohr
suchen sich Kinder Flöten und die leisen,
versuchenden Töne stimmen zu all dem, was
sich in der Luft und in dem Schatten des
Hains auf dem Hügel verkünden will. Ein
anderes Mal weht über Berge und Täler
und die Abhänge, auf denen Krokus blühen,
die weiche Luft herüber, Kinder baden im

Grunde und an dem fernen Berge zieht ein Pflüger mit seinen silbernen Stieren die Furchen (Abb. 23). In den Menschen ist alles Träumen und die Ahnung kommender Seligkeit, gerade wie die Landschaft hier mit noch kahlen Bäumen und Sträuchern zu versprechen, dort mit blühenden Zweigen und Blumen schon zu erfüllen scheint.

Ganz Genießen und bedürfnisloses Schauen sind dann die „Hesperiden" (Abb. 24). Sie tragen zwar fast moderne Gewänder,

Kopf des zur ältern Schwester selig aufblickenden Knaben.

* * *

Gern denkt sich Hofmann den Menschen eins mit der Natur, in Freundschaft mit den Elementen. Er liebt als Maler das Wasser als den natürlichen Spiegel all der sprühenden, flimmernden Töne, der huschenden und tanzenden Lichter, der leuchtenden Körper. So hallen oft aus seinen Bildern

Abb. 36. Ölstudie. (Zu Seite 46.)

aber mit jenen mythologischen Wesen haben sie gemein, daß man sie sich an fernen, weltentrückten Gestaden so selig dahinlebend denken könnte, zwischen Wiesen, Felsen und Meer, über denen die Sonne am längsten scheint und noch glühend versinkend ihre Farben zaubert.

Überall ist es immer wieder die Gebärde, durch die eine Stimmung am vollsten ausklingt. Hier ein erhobener Arm, der den Flug eines Vogels durch die Luft verfolgt, gekreuzte Hände im Schoß, in der Frühlingslandschaft der zurückgeworfene

die jubelnden Stimmen badender Mädchen, bald an der tosenden Brandung (Abb. 16), bald unter schützendem Laubdach. Wie reizend und wohlig ist die Stimmung in dem einen Bilde (Abb. 25): ein Mädchen watet bis an die Kniee im Wasser und hat im Schilf einen Fisch gegriffen, den sie übermütig in der Hand erhebt; die andere, noch am Ufer, tastet sich eben mit dem Fuß behutsam vorwärts, während durch das Laubdach zitternde Strahlen fallen, auf dem Wasser in Funken sprühen und wiedersprühen, und die zarten Körper treffend hier eine an-

3*

mutige Form aufleuchten laſſen, dort eine reiche Linie begleiten; alles voll augenblicklichen Lebens, im Licht vorüberhuſchend, und darum ſo in die Stimmung der Figuren hineinzwingend. Solch wohliges Behagen ſpricht auch aus dem ſommerlichen Bilde (Abb. 26), das der Künſtler zuſammen mit dem Rahmen als ein ἄριστον μεν ὕδωρ gedacht hat.

Gewäſſer ſchleichen durch die Friſche
Der dichten, ſanft bewegten Büſche,
Nicht rauſchen ſie, ſie rieſeln kaum;
Von allen Seiten hundert Quellen
Vereinen ſich im reinlich hellen,
Zum Bade flach vertieften Raum.
Geſunde junge Frauenglieder
Vom feuchten Spiegel doppelt wieder
Ergötztem Auge zugebracht!
Geſellig dann und fröhlich badend,
Erdreiſtet ſchwimmend, furchtſam watend;
Geſchrei zuletzt und Waſſerſchlacht.

Zum freundlichen Element kommt das vertraute Tier, vor allem das Pferd, das hier an den ſüdlichen Geſtaden noch immer wie ein den Wellen verwandtes Weſen erſcheint. Jünglinge, die Pferde auf dem Sande tummeln, in die Schwemme reiten, haben Hofmann oft angeregt, als ein lebendiger Nachklang der Zeit, wo Menſch und Tier enger beieinander lebten, und das Band, das die Natur zwiſchen ihren Geſchöpfen geſchlungen, noch nicht gelockert war. Bewegung und ſprühendes Leben iſt in den drei galoppierenden Reitern (Abb. 27), die über den Sand hin dem Waſſer entgegenſtürmen. Und doch ſind ſeine Reiter und ihre Tiere aus unſerer Zeit, Pferde, die er in die Schwemme reiten ſah, und denen nicht ſonderlich nach Galopp zu Mute war und nackte braune Jungen, die aus ihnen alles zuſammenholen, um ſo dem Meer entgegenzuſtürmen — eine Brandung der Brandung entgegen. Aber daß ſie ſo ganz bei der Sache ſind, daß alle Kräfte geſpannt ſind, läßt ſie wie Heroen, eben wie ein von allem Zufälligen und aller Enge befreites Geſchlecht erſcheinen.

Zugleich hat der Kontur von Menſch und Pferd zuſammen etwas durchaus Monumentales, und ſein dekoratives Gefühl hat dem Künſtler öfter dazu geführt, mannigfaltige Bewegungen des Pferdes und ſeine Farbe von den verſchiedenſten Hintergründen abzuheben. Eine der ſchönſten Löſungen iſt der einzelne Reiter (Abb. 29), ein brauner Körper auf dunklem Tier, von der ſchimmernden Fläche einer Meeresbucht abgehoben, in deren Blau ſich die abendlich glühenden Klippen des Ufers ſpiegeln, jene

Abb. 37. Urmenſchen. Ölgemälde. (Zu Seite 46.)

Abb. 38. Blumenpflückende Frauen. Ölgemälde. (Zu Seite 49 u. 77.)

Abb. 39. Idyll. Ölgemälde. (Zu Seite 47 u. 86.)

leuchtenden, phosphorfarbigen Felsen, die am Busen von Neapel, auf Capri, wie bei Sorrent steil aus dem blauen Wasser aufsteigen. Kühn ist die Komposition ausgeschnitten, so ganz unbekümmert um das, was viele andere interessiert hätte, Reiter und Pferd zu vollenden; nur eine bestimmte Bewegung, bestimmte Linien sollten hier wirken, die vor einigen glänzenden Lichtern belebte Silhouette in ihrer ganzen Einfachheit ruhig von den in hundert Farbenfunken schillernden Wasserfläche. Dann wieder energische Bewegungen nebeneinander (Abb. 30), ein bäumendes Pferd, ein Reiter, der sich auf sein unruhiges Tier schwingen will, Spiele wiederstrebender Kräfte, die kühne Silhouetten vor dem hellen Grunde geben, und in ihrer Kombination, sobald man sich von dem momentanen Reiz des Einzeleindrucks befreien kann, die dunkeln Tiere, der rotbemützte Reiter, das düstere Grün des Bodens vor der hellen Luft ein wunderbar dekoratives Ganzes geben.

Wo bei Hofmann der Mensch und die Natur sich in irgend einer ihrer Äußerungen berühren, da haben beide die gleiche Stimmung und scheinen von denselben Kräften wie zu gleichem Zweck hervorgebracht.

Die Hirten auf dem öden Hochplateau (Abb. 31) sind harte Gesellen, urkräftig, die jungen wie die alten, ernst und von scheinbar keinem Gefühl berührt oder verwirrt, wie die starren Felsen, auf denen sie leben. So blicken sie gelassen, ruhig, dumpf wie ihre Rinder vor sich hin, in die Tiefe, auf die wallenden Nebel, die aus den Klüften sich hebend über die Hochebene ziehen, hier in schweren Schleiern den Blick verhüllend, dort an einer Felsenkante zerflatternd.

Den urweltlichen Ausdruck der Menschen hat ihm Italien gegeben. Mit ihnen bevölkerte sich dann später für ihn diese

müssen glaubte: „Der junge Künstler geselle sich Sonn- und Feiertags zu den Tänzen der Landleute; er merke sich natürliche Bewegungen und gebe der Bauerndirne das Gewand einer Nymphe, dem Bauernburschen ein Paar Ohren, wo nicht gar Bocksfüße. Wenn er die Natur recht ergreift und den Gestalten einen edleren, freieren Anstand zu geben weiß, so begreift kein Mensch, wo er's her hat, und jedermann schwört, er hätte es von der Antike genommen." Welch ein Übermut in einer der Studien zu tanzenden Figuren, die im Sturm entstanden sind (Abb. 32); und welch Takt und Klang in jeder Be-

Abb. 40. Offene See. Ölskizze. (Zu Seite 48.)

stumme, einsame Alpenlandschaft. So arbeiten Naturbeobachtung, Gedächtnis und Phantasie bei Hofmann ineinander, um ein Volk und ein Land der Sehnsucht zu erzeugen, dessen Natur und Leben er wie etwas Selbsterlebtes durchempfunden hat und schildern kann.

Wenn das Land versunken ist und das Geschlecht seiner Bewohner umkam, so hat er doch jeden Nachklang und jede Spur davon aufzufangen und zu finden gewußt, und Italien hat ihm besonders viel dafür gegeben. Er fand eben hier das Spiel der Kräfte noch unverkümmert, Bewegungen in ihrer leichtesten, flüchtigsten Form, der Grazie. Er hat von selbst empfunden, was der Weimarer Altmeister empfehlen zu

wegung; man hört den jauchzenden Schrei, das Schnalzen der Finger, den Schlag der Füße, und in jeder Linie zuckt und schwillt es rhythmisch, es ist eben die Natur selbst in Freude und Jubel, und das Urbild dieses Daphnis oder Thyrsis kann gerade so gut Beppo wie Seppl heißen.

So ist ihm der reizende Wirbel heiterer Gestalten in dem großen dekorativen Bild „An die Freude" (Abb. 33) aufgegangen: Ein Triptychon! Es lag damals Mitte der neunziger Jahre in der Luft, Triptychen zu malen. War es der Wunsch, wenigstens durch Aneinanderreihen anderer Bilder etwas zu erzählen, oder einen Ideenkreis zu versinnlichen in einer Zeit, wo die moderne Kunst Inhalt oder Gedanken verpönte, oder

Abb. 41. „Küste." Ölgemälde. (Zu Seite 47.)

der Wunsch, in solch cyklischen Darstel=
lungen den Ersatz zu suchen dafür, daß
der modernen Malerei die monumentalen
Aufgaben vorenthalten waren? Wenn es eine

Raum mit einem Gedanken in mehreren
Bildern heiter und festlich zu beherrschen,
so wurde das Werk vor allem dekorativ
und darum gegliedert, innerlich und äußer=

Mode war, so haben ihr alle, Berufene und
Unberufene geopfert, von Uhde und Exter
bis Dettmann, ja bis herab auf Papperitz.

Hofmann hatte jedenfalls, wie vor ihm
Marées, den Wunsch, womöglich einen

lich: Die Wand öffnet sich in luftigen
Bogen auf blattumwundenen, widderkopf=
bekrönten Pfeilern, deren Zierlichkeit durch
kindliche Träger voll Neckerei und Neugier
umschrieben wird, während in der Mitte

karyatidenartig eine geflügelte Gestalt von chen angeschmiegt und ein Knabe bläst die Gold umflossen, mit erhobenen Händen Schalmei. Zwischen den Pfeilern hindurch

Abb. 43. Blütenphantasie. Ölgemälde. (Zu Seite 51.)

eine Last von Früchten auf ihrem Haupte blickt man in die Landschaft; weit dehnt hält. Zu ihren Füßen hat sich ein Mäd= sich der Blick über den bergumschlossenen

Abb. 44. Tal des Schreckens. (Zu Seite 50.)

See, auf dessen Ufer
vorn in seligem Tau-
mel leuchtende Gestalten
einen Tanz schlingen,
in flatternden, geschwun-
genen Gewändern die
vorderste Tänzerin, wie
ein Flämmchen, als
wollte sie in Luft ver-
gehen. Und demselben
hohen Wesen, dem die-
ser taumelnde, verzückte
Kult gilt, raucht hinten
auf den Abhängen des
anderen Ufers im Abend-
schein ein weithin sicht-
barer Altar, dem Hun-
derte von Pilgern von
allen Seiten zuströmen.
In den Feldern links
und rechts die stilleren,
beglückenden Feste: „Du
führst die Reihe der Le-
bendigen an mir vor-
bei, und lehrst mich
meine Brüder im stillen
Busch, in Luft und
Wasser kennen.“ Das
Meer mit der silbernen
Brücke, die der Mond
herüberschlägt, und der
Wald mit seinem heim-
lichen Leben.

„An die Freude“
dürfte auch unter dem
anderen großen, deko-
rativ gehaltenen Bilde
(Abb. 34) stehen, das
zwar eben in Berlin ge-
malt, doch allen Moti-
ven nach von Italien
angeregt ist. Auch hier
der Spiegel einer berg-
umschlossenen Bucht als
Hintergrund der bunten
sich drehenden Gestalten,
auch hier die Schleiertän-
zerin, die schwärmende
Hingabe an den Tanz
in jeder Gestalt, selbst
in dem Mädchen, das
kaum warten kann, bis
ihr die ältere den Kranz
ins Haar gedrückt hat,

Abb. 45. Paradies. Ölgemälde. (Zu Seite 51 u. 86.)

und Freude und Genuß bis in jede Blume und jede Spange. Dazu die berauschende Größe der Landschaft, die in majestätischer Ruhe liegende Bucht, vor die sich die hellen Bäume und schillernden Gestalten schieben, die von großen Wolken übertürmten Felsen-

Rom, von Capri bis Taormina hinpflanzten, oder auch zu Hause in Düsseldorf und Berlin Bilder malten, „als wenn sie den Fremdenverkehr heben wollten".

Die italienischen Landschaften waren das gemalte Seitenstück zum Baedeker: „Italien

Abb. 46. Studie zur Eva im „Paradies". Kreidezeichnung. (Zu Seite 52.)

wände, von denen Wasser in die Bucht hinabrauschen.

* * *

Die landschaftliche Schönheit Italiens schien auf lange Zeit hin erschöpft und für jeden ehrlichen Maler auf ein für allemal unmöglich, seit geschickte Leute sich an jeden geographisch, historisch und kunstgeschichtlich merkwürdigen Punkt, von Venedig bis

in sechzig Tagen." Es fehlten weder der rauchende Vesuv, noch die Feuerwerke und Kirchenfeste, noch auch als Typen italienischen Lebens die Malermodelle von der spanischen Treppe. Nur eine Kleinigkeit war vergessen: Italien selbst. Das hatten die altmodischen Maler der klassizistischen Zeit, die Reinhardt, Koch, Olivier und schließlich noch Rottmann, der fast vergessene, viel treuer gegeben, als irgend einer von jenen

Feuerwerkern und Opernprospektmalern: nicht den ewig lachenden Himmel, sondern den Charakter der italienischen Landschaft gaben sie: die ernsten, strengen Formen des steinigen Bodens, den großen Wellenschlag der Hochebene, die Dehnung des Raums, die Größe und Klarheit der Züge, kurz jene begeisternde und wieder überwältigende als Hintergrund diese weiträumige Landschaft gegeben. Sie war es auch, die Hofmann für seine Menschen gerade in Italien immer wieder mit Freuden fand, denn dort erst haben sie ihre eigene Lebensluft, und hier wird all ihr harmlos glückliches Tun wahrhaft selbstverständlich.

Noch Marées stellte seine Gestalten

Abb. 47. Tränke in der römischen Campagna. Ölgemälde. (Zu Seite 53.)

Weite des Blickes, die der südlichen Landschaft vor der nordischen eigen ist.

Sie hat also genau die Freiheit von jeder Enge und die Größe der Form, die den Künstler auch im ganzen Dasein des Südländers immer auf Schritt und Tritt anzieht. Der weite Raum gehört zu diesem glücklichen, frei von allen Schranken erwachsenen Geschlecht. Und immer wenn Künstler Gestalten hinstellten, die ein höheres, einfacheres und freieres Dasein führten, wie Feuerbach, Marées, dann haben sie ihnen vor einen sehr tiefen Horizont; ihre getragenen Bewegungen heben sich dann klar von dem weit hinter ihnen verklingenden Grunde, oder eine Wand von Bäumen steigt auf, gleichsam demselben Boden entwachsen wie sie, hinter ihnen und auf diesem dunkeln Grün stehen dann feierlich die ernsten Gruppen. Anders Hofmann!

Er beschränkt sich den Raum nicht in der Nähe, noch dehnt er ihn ins Unbegrenzte; sein Raum ist begrenzt, aber

Abb. 48. Quelle. Ölgemälde. (Zu Seite 55.)

erst in weiter Ferne: durch den hohen Horizont, der sich jetzt bis an den oberen Bildrand schiebt. So stehen die Figuren ganz vor der Landschaft, dem Terrain, vor einem dunkeln, vielfach bewegten Grunde, besonders gern vor dem Spiegel einer Wasserfläche, dessen durchsichtige Tiefe eine sanfte und reiche Abwandelung von Tönen zuläßt. Und zugleich gewinnen die Körper, durch die Luft zwischen ihnen und dem Hintergrunde, jene Rundung und Räumlichkeit, die sie so lebendig erscheinen läßt. Am liebsten gibt der Künstler ihnen zum Platz ein Stück hohen Ufers, das plötzlich in rascher, unsichtbarer Senkung zum Wasser abfällt.

Er liebt das Motiv und hat es in mancher einfachen Studie festgehalten: die kleine Ölskizze gehört dazu (Abb. 36), auch wenn sie nur um der Farbigkeit willen entstanden ist: in greller Sonne liegt das Gras und gelbes Steingeröll, die Wasserfläche scheint in der Hitze zu zittern, und aus dieser fast einförmigen Helligkeit leuchtet die blaue Bluse des hockenden Mannes heraus, als einzige ausgesprochenen Farbe und als einziges Leben.

Aber selbst hier in der flüchtigen Farbenskizze interessierte ihn doch schon, wie sich eine Gestalt vom Hintergrunde hob, wie sie sich auf ihrem Platz vor die tieferliegende Wasserfläche schiebt; das Problem des hohen Ufers hatte ihn schon früher beschäftigt; vor Italien, ja vor Paris hatte er den Gedanken zu dem landschaftlich so kühnen Bogenschützen (Abb. 37) gefaßt. Hier in Italien, auf den Klippen von Capri, in den Sabinerbergen, über dem Albaner See bot es sich unaufhörlich.

Je höher der Standpunkt, desto höher und unbegrenzter erscheint dem geradeaus blickenden Auge Luft und Himmel, desto tiefer und kleiner alles Körperliche, Erde und Wasser; und je mehr das Auge von diesen umfassen will, je mehr es sich auf die Welt da unten senkt, um so mehr wird ihm der leere Raum oben schwinden. So bietet sich in den hohen Räumen der italienischen Landschaft ganz von selbst der Hintergrund für die menschliche Gestalt; und je malerischer die Empfindung des Künstlers ist, desto reicher wird er sich vor dieser Fülle an Problemen der „Raumkunst" fühlen.

„Idyll" und „Badende Frauen" und „Frühling" erscheinen so betrachtet doch nur als Vorwände, um dieses für den Maler malerischste Thema zu behandeln: Gestalten und Raum als ein Ganzes, nicht die liebliche oder großartige Landschaft, und nicht die anmutige oder leidenschaftliche Gebärde, sondern eins mit dem andern, ja für das andere. So in dem „Idyll" (Abb. 39). Die tiefe Bucht hat der Künstler in ihrer ganzen Schönheit auf jede Weise so recht eindrücklich machen wollen. Er rahmt sie von beiden Seiten fast streng ein, eine junge Pappel zur Rechten, zur Linken wie eine Kulisse die dunklen Citronenbäume; er schiebt vom Abfall des Ufers vorn eine große Klippe davor und

schließlich läßt er noch eine Gestalt traumverloren in die Weite blicken, über die kaum bewegte Fläche, die sich bis an die steil ansteigenden, in Wolken verlorenen Berge streckt und über deren Rand sich Wasserfälle ergießen: „... von Calauria fallen silberne Bäche wie einst in die alten Wasser des Vaters." Und in den unberührten Frieden dieser Natur paßt nur seliges Schweigen und Träumen, kaum daß die Hand sich nach der Frucht zu strecken braucht!

In der „Küste" (Abb. 41) leitet die kühne, fernhin geschwungene Kurve den Blick in die Weite, das Mädchen mit dem halb vorsichtigen, halb neugierigen Gebaren zwingt uns die Vorstellung einer unheimlichen Tiefe auf; wie Spielzeug erscheint das Boot mit den Fischern und selbst die Brandung ist von hier oben ein harmloses Spiel. In hellem Licht und weichem Wasserdunst, der alle dunklen Schatten auflöst, ohne irgend hervorstechende Farben, liegt die Landschaft da, groß und gewaltig in ihrer Form. Dies einsame Wesen hier oben ist keine Oreade, auch keine Personifikation sonst, eher ist sie das Motiv des Bildes, von dem sie untrennbar ist; sie kann dem Betrachter mehr sagen, als die

Abb. 49. Brandung auf Capri. Pastell. (Zu Seite 56.)

ausführlichste Unterschrift, warum der Künstler das Bild gemalt hat. So geben auch die weißen Segel auf der blauen Fläche (Abb. 40) in ihrer winzigen Verlorenheit den Eindruck des unendlichen

schnitt ist eine der glücklichsten malerischen Ideen. Ganz vorn hebt sich — so viel sichtbar etwa, wie die Augen von ihr fassen könnten, wenn sie uns gegenüber stände — ein Mädchen mit Kopf und

Abb. 50. Sonnenuntergang. (Zu Seite 56, 86 u. 87.)

Meeres, und der Pflüger auf dem fernen Abhang im Frühling (Abb. 23) die grenzenlose Weite.

Den Eindruck des Räumlichen hat man vielleicht nirgends stärker als bei dem „Notturno" (Abb. 42). Der Aus-

Schultern über den Rahmen vor das schillernde Wasser des Bachs, in den hell aufleuchtend im Mondlicht die weißen Gestalten zweier Mädchen blinkende Lichter werfen; von hinten herüber schimmert durch das klare Dunkel der italienischen Nacht gespenstisch der Giebel eines Hauses. Das Mädchen vorn hält uns im Bann; sie scheint dem Badeplatz zuzuschlendern, nichts bedürfend, nichts denkend, heiter für sich, im behaglichen Gleichgewicht. Nur der Mondschein umfließt ihr Hals und Schultern mit weichem Glanz und weckt in gleitenden Lichtern und Halblichtern wie schmeichelnd in ihrem Gesicht den Ausdruck unbewußter, heiterer Träume. Man glaubt ihren Schritt zu sehen, das sanfte Wogen

Raum. Der tiefe Schatten der baumüberhangenen Bucht mit dem Ausblick auf das sonnige Meer gibt ihren Gestalten den Hintergrund. Davor leuchtet nun der Körper der einen mit seinem sanft fließenden Kontur und die schwankenden, biegsamen Linien der anderen, die sich flüchtig nach der Mohnblume bückt; ein liebliches Ineinanderfließen und sanftes Wogen von Bewegungsachsen, dessen Zauber man sich sofort hingibt, um dann immer wieder dazu

Abb. 51. Largo. (Zu Seite 57 u. 80.)

ihres Ganges — so lebhaft spricht sie uns an, so überträgt sich aus dem Bild die Stimmung auf uns. Und diese überraschende und darum so überzeugende Wirkung beruht auf dem ganz eigentümlichen Zusammenklang der beleuchteten und von Licht und Luft umflossenen Figur mit dem von Licht und Luft erfüllten Raum. „Mit dem Raum komponiert" kann man hier wie bei Degas sagen; so schwillt jede Linie aus dem Raum hervor und verklingt wieder in seiner Tiefe.

Auch in den blumenpflückenden Frauen (Abb. 38) wogt es von Linien durch den

zurückzukehren, wenn man erkannt hat, auf welch sicherer Kunst diese anmutige Wirkung beruht. Sie war dem Künstler selbst schon etwas wert, denn verschwenderisch ist er noch gewesen, als es galt, für diese Szene den Platz zu finden. Ein Ort, bezaubernd, lauschig und träumerisch, eine tiefe Schlucht, in die das Meer hineinspült, dazu eine der malerisch packendsten Aufgaben: der Blick aus dem kühlen Schatten in das heiße Licht und hier noch das alles verstärkt und verdoppelt durch den Spiegel des Wassers mit seiner leise bewegten Fläche.

Es ist keine Frage, nur Italien kann das geben; ebenso sicher, wie nur ein Nordländer davon gerade diesen Eindruck von Lieblichkeit und Größe mitnehmen kann.

Und dann wieder von derselben Küste, von der Traum- und Zaubersphäre des Golfs von Neapel die ungeheuren, fast erdrückenden Formationen der Faraglioni (farbiges Einschaltbild S. 56/57), die er in einer Pastellzeichnung sofort festhielt.

zum Totenopfer herankommt, steigert die Vorstellung der Einsamkeit und den Eindruck des Schreckens zu jener Größe und Erhabenheit, in der man nur noch Heroen denken kann; der Künstler wollte das Bild anfangs „Antigone" nennen.

* * *

Untrennbar gehört für den Künstler zu den groß komponierten Landschaften eben

Abb. 52. Ölskizze zu „Mythus". (Zu Seite 59.)

Aber auch solche Eindrücke kann er nicht unbelebt denken. Aus der Lavaeinöde des Vesuv nahm er die Idee zum „Tal des Schreckens" (Abb. 44) mit. Natur und Mensch auch hier, wo der Mensch unterliegt. Die schwefeldampfenden Lavaschlacken sind dem Künstler zu unheimlich kriechenden, drohenden Ungeheuern geworden, deren giftiger Hauch den Wanderer getötet hat. Die Schrecken des Weges werden durch die Glut der Sonne noch grausamer, die Öde noch kahler und weiter; und die einsame Frau mit dem Krug, die in der Ferne wie

diese Instrumentation der stärksten Farben; unsere Klassizisten und Romantiker, in humanistischen Vorstellungen erwachsen, sind nur den Formen gerecht geworden; Maler wie Oswald Achenbach und Eduard Hildebrandt nur den Farben; in Böcklins Kunst offenbart sich der Süden schon in allen Phasen seiner Großartigkeit.

So muß auch Hofmann die ganze Natur als Eines denken; aber gerade Italien mochte seine Empfindung für die Farbe oft zur Begeisterung wecken. Hier schwelgt er in den gehäuften Blüten der Frühlings-

Abb. 53. Harpyen. Kohlezeichnung. (Zu Seite 60.)

Stück davon, steht Eva, voll rätselhafter Gedanken und Scheu auf ihn starrend, beide so unberührt und so viel verheißend, wie das zauberische Blühen des Landes, das Schwellen und Rauschen des Stromes. Auf dies muß der Künstler ausgewesen sein, nachdem der seltsame Natureindruck

bäume, deren Glanz und Pracht in der hellsten Sonne fast berauscht. Die Phantasie kann sich dabei nicht beruhigen; sie schafft weiter, über die hinreißende Wirklichkeit hinaus tolle zauberische Gärten (Abb. 43), in denen alles Üppigste und Zarteste an Farben und Formen, das Rauschen und Glitzern des Wassers mit unendlichen Licht- und Farbenfunken von den sich spiegelnden Blüten, blendende Schwäne, Mädchenleiber zwischen rosigen und weißen Hecken durcheinander wogt, berückend reich und märchenhaft in seiner Harmonie. — Oder ein paar rosig blühende Bäume im grünlich hinstrudelnden Wasser geben ihm die Vorstellungen des Paradieses selbst (Abb. 45). In den Blumen des Ufers liegt Adam noch in Schlaf versenkt, und in all der Pracht, selbst ein

Abb. 54. Das Paradies. Städt. Museum zu Magdeburg. (Zu Seite 60, 86 u. 89.)

ihm zum Bilde geworden war; die Figuren geben eigentlich eine Art lebendigen Rahmen für die landschaftliche Stimmung; so streng in aller Natürlichkeit begrenzen sie nach unten hin und seitlich den farbigen Teil des Bildes. Sehr viel kam es dabei auf den Ausdruck der Eva an, dieses unklare, unschlüssige Träumen durch den ganzen Körper. Eine der schönsten Aktstudien, die er gezeichnet hat, ist hierzu entstanden (Abb. 46), reizend in der Gebärde und ganz malerisch

sprüngliche Eindruck an Frische! Er weiß meist seinen ausgeführten Bildern den Reiz der Skizze zu erhalten, und seine Skizzen wieder erreichen so rasch und mit so wenigen Mitteln die gewollte Wirkung, daß ihnen keine Ausführung eine größere Lebendigkeit geben könnte.

Besonders wo ihn Italien mit Farben- oder Lichtspielen überraschte, weiß er sie wie im Sturm festzuhalten; denn wie für die Schönheit körperlicher Bewegung, ist er emp-

Abb. 55. Der Sieger. Ölgemälde. (Zu Seite 61.)

durchgeführt im Gleiten und Spiel des Lichtes über die schönen Formen; so abgeklärt und wie eine Idealgestalt erscheint sie; nur der zufällig beobachtete Eindruck des linken Unterarms auf der Brust erinnert an das hingebende Studium des Künstlers, dem bei seinem Modell nichts unwichtig schien. In der Ausführung ist dann die Gebärde noch um einen Grad ausdrucksvoller geworden, als in der Zeichnung; das spricht für die Lebhaftigkeit, mit der Hofmann sich seine Gegenstände vorstellt; wie oft verliert auf dem Wege von der Skizze zum Bild der ur-

fänglich für jeden Reiz der Atmosphäre, für die Luft mit ihren unendlichen Brechungsgraden des Lichts durch alle Phasen hin, für den Kreislauf der Tageszeiten, der, so regelmäßig er ist, doch dem leicht berührten Auge unzählige Überraschungen bietet, für all die beruhigenden und erregenden, sanften und starken Phänomene.

Wenn dem modernen Maler die nordische Atmosphäre für stimmungsvoller gilt, als die des Südens mit seinem stets gleich hellen Licht, so beweist Hofmann das Gegenteil; er hat alle Tagesstunden mit den Augen des Malers durchlebt und findet selbst

Porto San Stefano. Pastell. (Zu Seite 53 u. 82.)

in der schattenlosen Lichtfülle des italienischen Vormittags seine Rechnung. Am Golf von Spezia bot sich ihm das Motiv zu dem Pastell: Porto S. Stefano (farbiges Einschaltbild S. 52/53): Nüchtern das Sujet wie die Tagesstunde; der Hafendamm in der Weißglut der Vormittagssonne; kein Windhauch bewegt die heiße Luft, träge bespült das Wasser die Kaimauer. Farbloser Stein und auch

Das anspruchslose Motiv zwingt sich mit vollster Anschaulichkeit auf; dem Betrachter soll „irgendwie zu Mute werden" verlangt Vischer vom Maler. Der Künstler hat die einfachste Situation und die gewöhnlichste Stunde groß zu sehen verstanden und mit geringen Mitteln erreichte er die höchste Lebendigkeit. Wieviel glaubt man von der Bewegung dieser Figuren zu sehen, die nur

Abb. 56. Kohlezeichnung. (Zu Seite 61.)

das Wasser fast entfärbt, kaum daß die Luft sich in blassem Blau spiegelt. Nur die Hitze zittert über der Fläche; sonst kein Leben als die paar Kinder in bunten Kleidern, die hier auf den Steinen am Ufer ihr Wesen treiben. Sie leuchten ohne Schatten in voller Helligkeit und verstärken mit ihrem Rot und Gelb und hellem Grün noch die unheimliche Wirkung der Hitze, ebenso wie oben auf dem Damm die wenigen Figuren mit ihrem kurzen Schatten.

mit ein paar Druckern des Stifts hingesetzt sind. Das ist wirklicher Impressionismus, und in der eigenen Harmonie heller Töne spricht sich sein koloristisches Schönheitsgefühl so stark aus, wie sonst in den rauschendsten Farbenakkorden.

Auch die Tränke in der römischen Campagna (Abb. 47) ist solch ein starker Natureindruck, den sein flüchtiger Pinsel hinschrieb; in all der Dürre und Farblosigkeit leuchtet aus seiner blendenden Steinumfassung das

Abb. 57. Pastell. (Zu Seite 66.)

Quellbassin, in dem sich der unbarmherzig blaue Himmel zitternd spiegelt. Die dunklen Punkte, die Pferde, der trinkende Mann, das Quellentor lassen die Helligkeit im Sonnenbrand nur noch mehr empfinden. Ein ähnliches künstlerisches Er=

Abb. 58. Pastellentwurf zu dem Bilde „Heiße Nacht". (Zu Seite 68 u. 90.)

Abb. 59. Heiße Nacht. Ölgemälde. (Zu Seite 68.)

lebnis auf italienischem Boden muß auch der „Quelle“ (Abb. 48) zu Grunde liegen. In breiten Strömen zieht sich das Sonnenlicht zwischen den Bäumen hindurch, die es wie eine Schranke fernhalten von dem lauschigen Vordergrund, dem eine Quelle zwischen schattenden Felsen Kühlung gibt. In ihren Wellen spiegelt sich noch die

Abb. 60. Aktstudie. Rötel. (Zu Seite 76.)

Sonnenglut vor der Schlucht. Aber auch hier ist es wieder eine menschliche Gestalt, die den Eindruck des Landschaftlichen zusammenfaßt: Die Badende. Auch hier wie in den blumenpflückenden Frauen der Blick aus kühlem Schatten in das heiße Licht.

Hofmann liebt diese Gegensätze, besonders wenn Wasser als Spiegel dazu kommt, etwa eine schattige Bucht, in deren tiefe Farbe einige Strahlen von draußen sich spiegeln.

So hat er in Pastell den steileren der

Vor solcher tief stahlblau schimmernden Bucht brechen sich auch die Schaumkämme der Wellen in dem kleinen Pastell (Abb. 49).

Ein Sommer auf Capri hat Hofmann um die meisten dieser lichtfreudigen Bilder bereichert.

Der Blick von der hohen Küste herab oder von den schmalen Sandstreifen, den Marinen, hat ihn zu allen Tageszeiten beschäftigt. Die sommerlichen Abendstunden auf der Insel sind der Inbegriff alles Wunderbaren. Das Meer umfließt sanft

Abb. 61. Am Kanal. Ölskizze. (Zu Seite 73.)

Faraglioni gezeichnet (farbiges Einschaltbild S. 56/57), die gigantische Klippe an der Küste von Capri, mit dem gelben, wie Phosphor glühenden Stein. Hier liegt sie nicht, wie so oft von oben her gesehen, vom blauen Meer umflossen, sondern vom Fuß her fast nur für sich betrachtet in ihrer ganzen Größe das Bild füllend. Die Abendsonne vergoldet ihre Flanke und die aufglühende Fläche glänzt wieder in dem schillernden Wasser der Schlucht. Goldrote und tiefblaue Töne im Schatten zittern hier durcheinander, umschlossen von den düstern Felsen und sich vor der farblosen Luft noch glühender abhebend.

spülend die Ufer, Felsen, Vorgebirge und Inseln, bereit jeden Wechsel und jedes Wunder des Lichts in seiner melodisch schwellenden Fläche zu spiegeln. So sah Hofmann den „Sonnenuntergang", von einer wenig betretenen kleinen Marina östlich nach der blauen Grotte zu (Abb. 50).

Weit vom hohen Horizont herüber schaukelt das zerfließende Spiegelbild der Sonne zum Ufer heran, von sanft spülenden Wellen getragen, die, so oft sie sich heben, von goldigem Licht durchschienen werden. Die vorspringende Küste, große Felsenblöcke rahmen dies so berückende Spiel ein. In sein Anschauen versunken steht da

Die Faraglioni bei Capri. Paſtell. (Zu Seite 50, 56, 79 u. 82.)

Abb. 62. Flora. Ölgemälde. (Zu Seite 77.)

unten die weiße Gestalt, verloren in dem unermeßlichen Raum, unendlich klein vor dieser ewigen Schönheit. In dieser Gestalt ist alle Empfindung zusammengefaßt, und fortgeführt hat der Künstler sie auf dem Rahmen, wo ätherische Wesen dem Licht anbetend zustreben, wie Blumen sich nach der Sonne wenden. Noch über den Eindruck des Bildes hinaus wollte der Künstler uns festhalten und zurückleiten zu diesem Hymnus auf das Licht.

Ihm waren damals aus der Natur die Eindrücke so stark und feierlich gekommen, daß er sie nicht einem gleichgültigen Rahmen überantworten mochte. Seine Phantasie erschöpfte sich nicht bei dem bloßen landschaftlichen Bilde, sondern sie spielt weiter und wirkt um das Bild noch einen Kranz von Gedanken und Empfindungen, deren Ausführung die gleiche Liebe und Sorgfalt gilt.

So ist das „Largo" (Abb. 51) entstanden: Ein Mondaufgang bei Capri, über dem Meer, das noch vom Abendglühen wie ein Spiegel

Abb. 63. Sopraporte. (Zu Seite 77.)

aus rötlichem Silber daliegt. Kein Ufer, nur die endlose Fläche, in leichten Wellen gehend, und auch kein lebendes Wesen im Bilde, das uns wie sonst den Eindruck der Natur verkörpern könnte. Der Rahmen aber nimmt ihn auf und spinnt ihn weiter. Es ist noch immer das Meer, aber nicht mehr wie es all den Glanz zurückstrahlt,

eine Quelle des Lichts mehr für die Seele als für das Auge: Farbenharmonien rauschen zu Tönen zusammen.

Hofmann hat mit diesem Werk Beethoven seine Huldigung gebracht. Er machte jene wunderbare Maske, die der Meister seltsamerweise bei seinen Lebzeiten zu nehmen erlaubte und die seitdem für so

Abb. 64. Studie zu einer Sopraporte.

sondern wie es ihn aufnimmt: zwei Meerwesen neigen sich, anbetend und hingegeben träumend zu dem Schauspiel herab; was sie ergreift, scheinen nicht Lichtstrahlen, sondern Töne, die das Licht aus dem Meer wie aus einer großen Harfe herausruft. Es ist, als stände die Natur in dieser Stunde unter dem Bann des gewaltigen Hauptes, das gleichsam wie die geflügelte Sonnenscheibe darüber schwebt,

viele ein Gegenstand der Verehrung geworden ist, in freier Umgestaltung zum Mittelpunkt des Rahmens, den er mit großer Sorgfalt durchführte; zu dem betenden Mädchen gibt es eine sehr ausführliche Naturstudie. Die ungewohnte Schnitzerei machte dem Künstler viel Mühe, wo sie sich nicht recht plastisch gestalten mochte, ist er ihr mit Farben zu Hilfe gekommen. — Die Begeisterung, in

Abb. 65. Sopraporte. (Zu Seite 77.)

der das Bild geschaffen wurde, gleich groß für den Genius der Natur, wie für den der Musik, fand ein dem Künstler sicher hochwillkommenes Echo. Die für Beethovens Musik begeisterte verstorbene Kaiserin Elisabeth von Oesterreich hat es erworben.

*   *   *

Was man „Inhalt" an Hofmanns Bildern nennen könnte, stammt fast immer von ihm, nicht von außen her. An den südlichen Gestaden wollen Mythologie und Sage lebendiger werden als anderswo, haben ihm wenig davon gegeben. So dienen wohl Gestalten von Göttern und Halbgöttern seinen eigenen poetischen Erfindungen.

Woher ihm der Gedanke zum „Mythus" (Abb. 52) gekommen ist oder an welchem Mythus sich seine Phantasie entzündete, ist schwer zu sagen. Hart am Ufer des Meeres, als käme er von dort her oder wollte dort hinüber entfliehen, steht ein Unsterblicher, übermächtig mit den Flügeln, schmerzlich, fast wie richtend vor der irdischen Frau, die ihm wie gebannt in das Antlitz sieht. Vor den brausenden Elementen gegen den Gewitterhimmel erscheint seine riesige Gestalt mit den buntfarbigen Flügeln der armseligen Sterblichen noch mehr wie das Schicksal, das sie in ihr Nichts zurückstößt.

So klingen wieder Figuren und Landschaft zusammen und aus dem Aufruhr der Elemente erstand in des Künstlers Phantasie diese dramatische Gruppe, vielleicht ohne Anregung von irgend woher, nur weil in ihm die momentane Stimmung solche Wesen verlangte. Die Macht der Natur stimmte ihn heroisch; und in ganz eigenen Bildern belebt sich ihm plötzlich irgend eine Erinnerung, es klingt eine Vorstellung an,

Abb. 66. Tänzerinnen. Oelgemälde. (Zu Seite 77.)

Abb. 67. Landschaft. Kohlezeichnung. (Zu Seite 79.)

über die er sich vielleicht nie Rechenschaft gegeben hat: „Harpyen im Kampf mit heroischen Männern" (Abb. 53).

Es sind keine bestimmten Helden der Mythologie, nur Urkräfte gehen da gegeneinander an, Erde und Luft, ein elementares Ringen.

Mythe, Legende, Sage sieht er nur als Dichter an.

Das Paradies (Abb. 54) mit Adam und Eva ist für Hofmann nur ein Idyll mehr, ein strahlend schöner Garten mit blühenden Bäumen, Blumen und zwei glücklichen jungen Menschenkindern. Gottvater erscheint vor ihnen bergehoch, von Wolken umzogen, sein Haupt von Strahlen der Sonne umwoben, sein Gewand in allen Farben glänzend:

Sein Haupthaar war wie Morgengold
Und wallte gar so reich und schwer,
Und in den klaren Augen ruht
Ein ätherblaues Lichtmeer.

Ein Regenbogen gürtete
Sein Kleid mit edler Farbenlust,
Er trug 'nen duft'gen Blütenstrauß
Von jungen Linden an der Brust.

Abb. 68. Landschaft. Pastell.

Etwas von Kellers Gegenständlichkeit und lustiger Kleinmalerei liegt auch im „Sieger" (Abb. 55). Ein schattiges Plätzchen am Strand von Capri, das weithin über den heißen Ufersand blicken läßt, gab Hofmann die Vorstellung, wie wohlig sich es hier ruhen müßte für einen, der nach dem Kampfe dort unten entlang geritten käme. So fand sich eins zum andern: Der Blick unter dem schattigen Baume her, in die glühende Hitze draußen, der Erschlagene dort einsam auf dem Sand, der müde

hafte Inschrift: „Abraxas". Darin liegen seltsame Zeichnungen, schwarz und in Farben, ganze Knäuel von fratzenhaften Wesen, oft wie die Antipoden jener glücklichen Gestalten aus den Idyllen, aber organisch bewegt, so phantastisch sie sein mögen, und darum durchaus lebensfähig. So wirkt der Strom greulicher menschenähnlicher Geschöpfe (Abb. 56), der sich durch den Wald her dem Beschauer entgegen ergießt, fast wie noch nicht menschlich gewordene Urbewohner der Welt, die

Abb. 69. Kastell bei Ischia. Kohlezeichnung. (Zu Seite 79.)

Ritter mit dem hungrigen Pferd inmitten seiner Waffenstücke mit seiner köstlichen Beute. Alles ist lebendig gedacht, vom roten Hemd des schwitzenden Siegers bis zum Futterbeutel und dem gelösten Sattelgurt, von jener getreuen Ausführlichkeit, die romantische Vorgänge heute nicht vertragen, ohne komisch zu wirken. Der Scherz ist mit ebensoviel poetischer wie malerischer Konsequenz vorgetragen; er wirkt wie jeder wahre Humor erquickend und befreiend.

Eine von des Künstlers wohlgeordneten Skizzenmappen trägt die etwas rätsel-

Vorgänger jenes glücklichsten Geschlechts, in dessen Leben der Künstler sich heimisch fühlt. Diesen tollen Spuk zu zeichnen muß ihm nach all jenen sanften Stimmungen ein Bedürfnis sein, ein zeitweiliges Revirement seiner Phantasie. Ein goethekundiger Freund hat ihm dafür mit dem erlösenden Wort beglückt: Abraxas.

Doch Abraxas bring' ich selten!
Hier soll meist das Fratzenhafte,
Das ein düstrer Wahnsinn schaffte,
Für das Allerhöchste gelten.
Sag' ich euch absurde Dinge,
Denkt, daß ich Abraxas bringe . . .

Mancher wird sich wundern, daß sie in Italien entstehen konnten mit so viel Schönheit vor den Augen. Aber es liegt im Menschen, sich von überwältigenden Wirkungen gelegentlich durch deren Gegenteil zu befreien. Goethes Hexenküche ist gerade in der Villa Borghese geschrieben.

* * *

Wie bei jeder selbständigen künstlerischen Individualität wird die Ästhetik an Ludwig

daß jener Idealismus einhertritt, ausgestattet mit allen Errungenschaften der modernen Kunst, daß er beruht auf der neuen d. h. doch wohl realistischen Art die Dinge zu sehn, daß er also ein realistischer Idealismus ist, dem man nur einen sich selbst negierenden Namen nicht gern geben will, um auf ein Schlagwort nicht verzichten zu müssen.

Hofmann gehört zu den Künstlern, die Welt und Leben in jedem Vorüberhuschen

Abb. 70. Landschaft. Pastell. (Zu Seite 79 u. 80.)

von Hofmann zu schanden, wenn sie ihn in eine der üblichen Rubriken einordnen will. „Neuidealismus" soll seine, wie Böcklins, Feuerbachs und Thomas Kunst bezeichnen. Sie führen aus der Wirklichkeit hinaus, aber doch auch wieder so gut wie irgend ein Realist zu ihr hin; in dem unbestimmten Gefühl, daß auf dem Idealismus die Wirkung dieser Kunst allein nicht beruhen kann, hat man sich in der Tagesästhetik zu dem Kompromiß jener, ihrer Erfinder würdigen Wortbildung entschlossen: „neu", das soll doch wohl heißen,

und Verweilen, in jeder leisen und lauten Äußerung gespannt im Auge behalten, die aber aus diesen Beobachtungen eine neue Welt zusammenbauen, in der ihre Empfindung herrscht, ihre Wünsche erfüllt sind und die doch nur darum lebensfähig und überzeugend erscheint, weil sie alles, was in ihr wirkt und schafft, von jener wirklichen Welt hat und weil sie nach denselben Naturgesetzen lebt wie jene.

Als ein Schöpfer solcher Welten steht Hofmann allerdings neben Böcklin, Feuerbach, Thoma, Stuck, den Künstlern, deren

Abb. 71. Motiv bei Lucendro. Pastell. Berlin, Nationalgalerie. (Zu Seite 79 u. 80.)

Abb. 72. Badende Mädchen. Ölgemälde. (Zu Seite 76 u. 82.)

Phantasie hinausgeht über die einfach ge=
schilderte Wirklichkeit, die das, was sie
davon empfinden, lauter, klarer aussprechen
müssen, als es die alltägliche Welt kennt.

Auch was Hofmann malt, scheint fern und weit zurück zu liegen; aber in der Zeit
und in dem Kreis, die ihm zum Leben
bestimmt sind, ist er kein Fremder geworden;
und daß er sie liebt, davon zeugt sein ganzes
Schaffen. Denn er nimmt unendlich viel

Abb. 73. Träumerei. Ölgemälde.

Abb. 74. Flora. Aquarell. (Zu Seite 85.)

aus dieser wirklichen mit hinüber in jene neue Welt.

Oder ist das alles gar nicht neu, und nur das Bild der Wirklichkeit, wie sie sich in einem leicht und fein erregbaren, phantasiebegabten und produktiven Menschen spiegelt?

Wenn er darin an Böcklin erinnert, so ist er doch mit dem auch wieder nicht zu vergleichen. Sie verhalten sich so verschieden zur Natur, wie der antike Mensch und der moderne. Wo sich für Böcklin die Natur verkörpert und die Elemente Wesen

Vor derselben Natur, an denselben Gestaden stehn beide als Dichter, aber der eine naiv, der andere sentimentalisch in Schillers Sinne.

„Was den Dichter macht, ein volles, ganz von einer Empfindung volles Herz", daraus erstehen Hofmanns Bilder. Für ihn ist die Natur nirgends unbelebt; jeder Ort, jede Stunde hat ihre Stimmung, und die Menschen, die ihm da hineingeraten, stehen unter deren Bann. Er kennt auch keine Landschaft ohne irgend ein Leben,

Abb. 75. Dekorative Skizze. Pastell. (Zu Seite 85.)

und Gestalt annehmen, gibt Hofmann seinen Menschen nur seine eigene Empfindung vor der Natur. Böcklin lebt mit und verkörpert, was er mit Sinnen und Geist sieht, er malt die beseelte Natur, Hofmann malt das, was in der Seele des Beobachtenden, Genießenden vorgeht; Böcklin personifiziert die Kräfte, Hofmann den Eindruck, den diese Kräfte im Menschen hervorbringen, die Stimmung, die die Natur in ihm weckt, Böcklin fühlt der Natur gegenüber als Pantheist, bei Hofmann sind die Menschen, die er malt, Pantheisten.

mindestens im Licht oder in der Atmosphäre; darum sind seine Figuren niemals bloß malerische Staffage; sie gehören gerade immer zu dieser Stimmung hinein und sind wie der letzte Accent in der Landschaft.

So stürmen der Jüngling mit den Mädchen dem Frühlingssturm entgegen, so steht die weiße Gestalt vor dem Sonnenuntergang. Aus dem Glanze des leise rauschenden Meeres erhebt sich ihm der Genius Beethovens. Eine heiße Mittagsstunde gibt ihm die Vorstellung durstender Menschen mit fast komischer Eindrücklichkeit (Abb. 57). In der schwülen Nacht

Abb. 76. Frühling. Ölgemälde. (Zu Seite 86.)

5*

Abb. 77. Spiegel.
Holzschnitzerei. (Zu Seite 86.)

(Abb. 58 und 59) kommen schwarze Panther zum Fluß hinab, ihren Durst zu löschen, sich balgend, und die Menschen eilen stürmisch umschlungen, fast willenlos in ihrer Leidenschaft den Abhang hinunter, blind für die Gefahr.

Hofmann ist Lyriker. Was seine Bilder darstellen, ist so ganz nur Empfindung, so einzig nur seelische Schwingung, daß nichts ungeeigneter ist, als Worte, sie zu erklären. Gefühlen, die die Natur in ihm weckt, gibt er sich hin und er folgt ihnen bis in die Regionen, wo das ursprünglich geweckte Bild fast entflieht, die erst angeschlagene Saite fast verklingt, wo nur jene leisen aber unzähligen Schwingungen im Bewußtsein durcheinander zittern, für die allein die Musik den Ausdruck hätte; da gibt ihm noch die Malerei in Farben und Linien Töne, um den Beschauer in eine Welt der Empfindung zu versetzen, in die ihn sonst nur die Musik zu leiten vermag.

Und gleichwohl haben Hofmanns Bilder mit Musik direkt nichts zu tun, die doch immer den malerischsten unter den Malern, von den Venezianern und Holländern bis auf Feuerbach und die Präraphaeliten als Beherrscherin der Stimmung so wertvoll gewesen ist. Feuerbach z. B. malt Menschen in musikalischer Stimmung; ihrem feinen und melancholischen Geist ist es Bedürfnis, die Wirklichkeit zu fliehen und sich von den Tönen nach jenem fernen, glück-

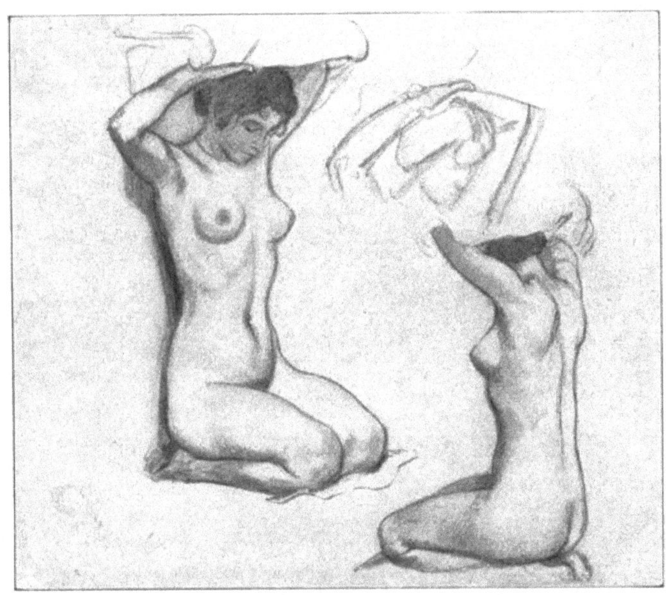

Abb. 78. Aktstudie zum Fuß einer Schmuckschale. Kohlezeichnung. (Zu Seite 86.)

lichen Lande tragen zu lassen. Dort leben Hofmanns Gestalten wunschlos, zufrieden, ohne Schmerz und Glück, und ohne deren Widerhall in der Kunst. Die Hirten= schalmei und Rohrflöte sind die einzigen Begleiter ihrer harmlosen Empfindungen.

Giorgiones, Feuerbachs Menschen leben in der Musik; was Hofmanns Menschen

Abb. 79. Badende Jungen. Kohlezeichnung. (Zu Seite 87.)

Abb. 80. Kohlezeichnung. (Zu Seite 91.)

erleben, könnte man allenfalls durch Musik umschreiben. Vielleicht ließe sich zu seinen Bildern musikalisch improvisieren. So hat Grillparzer oft einen Kupferstich statt des Notenblattes vor sich auf das Klavier gelegt und phantasiert.

Gewiß eher als Worte sprächen Töne den Inhalt seiner Bilder aus. So wenig ergreifbar sind sie für die Sprache, so nur zur Empfindung sprechen sie.

Vor der Gefahr „Gedankenkunst" zu werden, sind sie glücklich bewahrt, denn zum freien Flug der Phantasie hat der Künstler ein Auge mitbekommen, das mit heller Sinnenfreude auf den Dingen ruht, sie in ihrer ganzen Wirklichkeit, um ihrer selbst willen erforscht und ebenso scharf wie liebevoll auswählt, was an Heiter-Erfreulichem und Erfrischend-Herbem seinen Plänen dient.

Abb. 81. Kohlezeichnung.

Abb. 82. Reiter am Meer. Pastell. Berlin, Nationalgalerie. (Zu Seite 91.)

Denn nur diese Farben und Formen passen für ein jugendliches Zeitalter, eine noch unberührte Welt und ein Geschlecht, das frei von jeder Not sein idyllisches Dasein führt, jedem Instinkt folgend, in glücklicher Unbeengtheit. Da erscheint jede Gebärde vollkommen und abgerundet, wie die Natur sie will, wie die Empfindung sie eingibt, am liebsten so frei, wie er sie im Süden sah lauter aus Not geborenen Dingen verwachsenen Menschen rührt viele allein noch; nur was durch die Brille des Mitleids gesehen ist, kann der wahrhaft moderne Kunstfreund noch für wahres Gefühl gelten lassen, und sollte er über all diesem „Milieu" und dieser „Intimität" in muffigen Stuben und unter muffigen Menschen den ganzen blühenden Reichtum an reizen-

Abb. 83. Kohlezeichnung.

Süden sah. Darum ist schon manchem die Ehrlichkeit und Wahrheit seiner Gestalten verdächtig gewesen; denn viele halten heute eine Gestalt nur dann für wahr und den Ausdruck ihres Gefühls erst dann für glaubhaft und der Aufmerksamkeit wert, wenn sie unter dem Zwang von Enge, Armut oder Krankheit steht und in jeder Lebensäußerung gehemmt ist. Das Gedämpfte, Niedergehaltene der Gebärde, jene kurzen, gleich in sich zurückschnellenden Reflexbewegungen des ungelüfteten, mit den Äußerungen von Leben und Empfindung verschlafen, der täglich um ihn spielt, unbeachtet, und selbst dann kaum erkannt, wenn ein Sonntagskind ihn in seinen Werken zu genießen gibt.

Hofmanns Blick hat sich für solche Schönheiten in Italien geöffnet, und er hat ein gutes Recht, sie zu zeigen; sie sind wirkliche Erlebnisse für ihn; und er durchlebt noch fortwährend neue, denn diese Poesie entdeckt sich ihm nicht bloß in dem glücklicheren Süden, sondern auch daheim, so-

gar in Berlin, wo andere noch nicht ein=
mal bis zum einfach malerischen Reiz des
prosaischen Alltags durchgedrungen sind.
Solch einen Eindruck gibt die rasche Ölskizze
(Abb. 61). Eine Arbeiterfrau mit ihrem
Kind am Kanal haben wohl schon andere
gemalt; aber in der schlecht gekleideten

im rechten Moment, auf den sonst niemand
merkte, die Frau im liebenswürdigsten
Augenblick ihres mütterlichen Daseins, den
Kanal gerade, als auf den Häusern der
Widerschein des Abendhimmels lag und
im Wasser reflektierte, hin und wieder
durch die Spiegelung einer Gaslaterne

Abb. 84. Kohlezeichnung. (Zu Seite 92.)

Gestalt soviel Schönheit und Grazie auf=
zuspüren, und sie doch so über jeden
Zweifel wahr zu machen, das wirkt wie
eine Offenbarung. Und doch hat er hier
mit der einfachen eckigen Bewegung der
Gestalt nichts anderes getan, als mit ihrer
prosaischen Umgebung, den armseligen An=
lagen vorn, dem trägen Wasser und der
Reihe nüchterner Häuser; er faßte das alles

unterbrochen; so trug der Realist in ihm
aus dem Norden oder Osten Berlins ein
Erlebnis von ganz seltener Schönheit heim,
das der Idealist nicht reizender hätte er=
finden können.

Andere, z. B. Israels, hätten diese
Gruppe sehen können, und in der Be=
dürftigkeit einen mehr als alltäglichen Reiz
gefunden. Auch Hofmann entgeht der=

Abb. 85. Der Prophet. Kohlezeichnung. (Zu Seite 91.)

gleichen nicht, aber er kopiert es nicht, son=
dern speichert seine Beobachtungen auf, um
daraus die eigene Welt, die er selbst auf=
baut, lebensfähig zu machen.

Darum sind die Geschöpfe seiner Phan=
tasie uns gerade so vertraut, weil an ihnen
nichts zu finden ist, was nicht auch im
Leben möglich wäre. Jede ihrer Empfin=

Abb. 86. Landung. Pastell.]

dungen äußert sich in einer uns geläufigen, oft gerade darum so überraschenden Bewegung.

Seine Menschen leben eigentlich eher weltfern als im Urzustand. Sie haben weder in ihrer Gestalt noch in ihren Empfindungen die Kraft von Urmenschen.

Aber ihr ganzes Dasein ist ein unbewußter Kult der Natur; und der wäre nicht so innig, so feierlich und in all seiner

bedarf, sie hervorzubringen oder auch nur sie zu genießen.

Ein feingliederiges Geschlecht lebt da vor uns, mit dem ganzen Reiz hoher Sensibilität, wie sie die Kultur gibt, und doch wieder aus einer längst verschwundenen Welt, weil alle ihre Instinkte noch rege, und mit ihren Lebenskräften in Harmonie scheinen.

Mit Byrons Ada im Kain ließen sich

Abb. 87. Badende Frau mit Mädchen. Pastell.

animalischen Existenz so heilig, spräche sich nicht in ihm die Sehnsucht des Künstlers aus, sich der besinnungslosen, verwirrenden Hast der eigenen Zeit zu entziehen, um nur sich selbst zu gehören. So weich diese Kunst scheint, mit so zarter Empfindung ihre Fäden gefaßt sein wollen, so stark protestiert darin die lebhafteste Sinnenfreudigkeit gegen eine der Natur entfremdete Zeit. Und gleichwohl ist sie dem Geist nach völlig modern, kann nur in unserer Zeit möglich sein, weil es der äußerst verfeinerten Instinkte des modernen Menschen

seine Frauen vergleichen: Körper, wie von hoher Kultur verfeinert, mit dem ganzen unberührten Reiz mädchenhafter Unschuld. Wohlerzogen bewegen sich die Hesperiden (Abb. 24) und wie wir es oft im Leben gesehen, so hat sich das Mädchen im Frühlingsbild (Abb. 23) vor dem Fernblick gelagert. Aber doch stören diese Anklänge an modernes Leben nicht: es sind immer nur die rein menschlichen Regungen, die sich so äußern.

Der Klarheit dieses Ausdrucks kommen die Formen zu gute: sie sind jugendlich wie die Empfindungen, die sie aussprechen sollen, und zart, mehr verheißend als erfüllend, wie die Stimmung der Frühlingslandschaft, in der sie leben. Eckige Formen bei den Knaben, kaum erblühte Mädchenkörper (Abb. 60), ohne andere als die elastische Schwellung gespannter Muskeln, geschmeidig fest, ganz Rasse, wie gebaut um jedem Instinkt unmittelbar zu folgen. Ihre Magerheit ist höchste Gesundheit und mit jenen neurasthenischen, fast geschlechtslosen Gestalten der Fidus, Staffen,

schön in der kauernden Eva (Einschaltbild S. 76/77) und in der blumenpflückenden Frau (Abb. 38). Die höchste Lebendigkeit beruht hier auf wahrhaft malerischer Raumausnutzung, freier im Raum können sich Figuren kaum je bewegen als diese.

Und gleichwohl folgen sie einem ganz bestimmten Gesetz, das heimlich fast über alle Schöpfungen Hofmanns seine Macht ausübt, und ihnen jenen ganz eigentümlichen Reiz gibt, den man wohl der Musik benachbart nennen könnte.

Abb. 88. Hirt. Pastell. (Zu Seite 87.)

Lechter, die sich mit Nietzscheschen Worten auf den Lippen und fliegenden Haaren als Menschen geben möchten, haben sie nichts gemein.

So spricht sich in ihnen alles in anmutigster Offenheit aus, was ihren Schöpfer in der Natur und im Leben erfreut hat; die einfache Gebärde wie der berauschte Taumel des Tanzes, der ruhige Schritt wie das begeisterte Vorwärtsstürmen. Dann wieder die unbewußte Anmut vorüberhuschender Bewegungen: zwei Hände greifen ins Haar, ein Mädchen steht im Winde (Abb. 72), eine andere steigt ins Bad (Abb. 25) — oder das Durcheinanderwogen verschiedener Bewegungsachsen, besonders

Man nimmt von ihnen einen Eindruck von Leben mit, der mehr als momentan wirkt. Es ist, als ob die Schwingungen der Saite, die ein Natureindruck in ihr zum Klingen gebracht hat, den Rhythmus angäben für jede Bewegung in seinen Bildern. Unaufhörlich scheinen diese Bewegungen sich erneuen, auslaufen und wieder anheben zu wollen, so daß man unter dem Eindruck des Moments und auch wieder des verweilenden Zuschauens steht. Das ist nicht neu in der Kunst und es läßt sich seit Raphaels Sixtina und Velazquez' kleinem Reiter wohl immer beobachten, wo in irgend einem bedeutenden Werk die

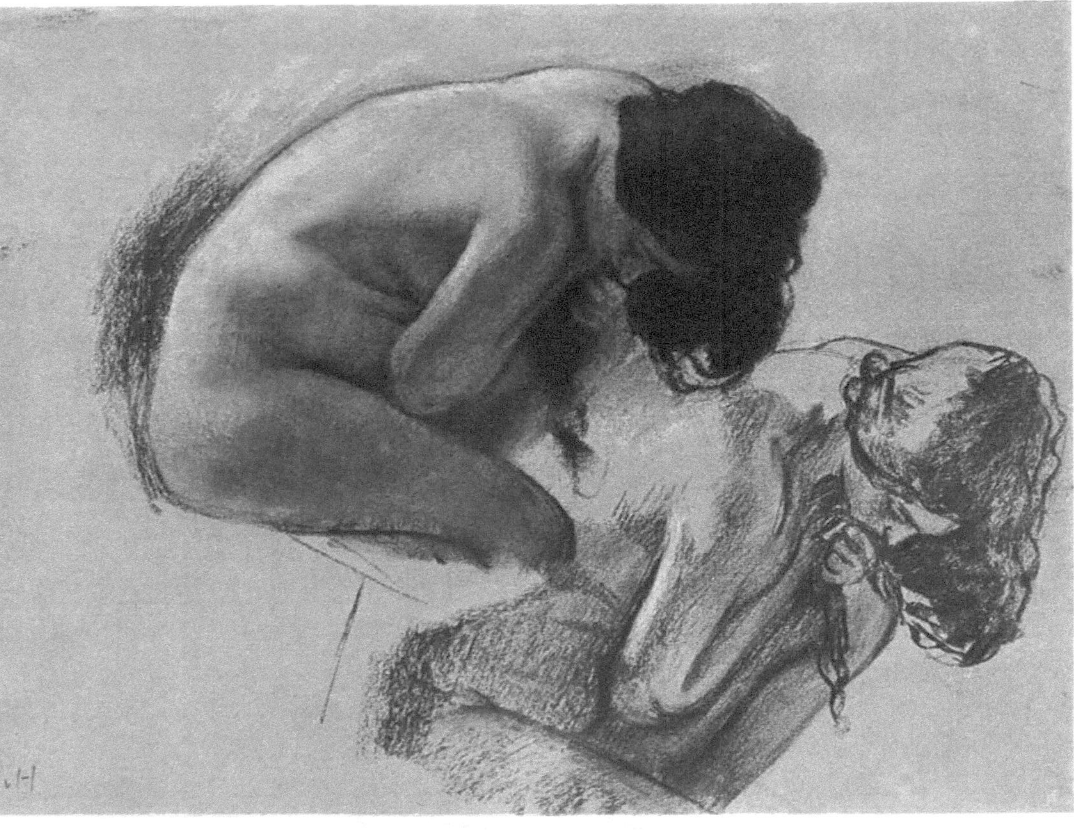

Eva. Pastellstudie. (Zu Seite 76 u. 94.)

Darstellung erhöhten Lebens gelungen ist. Aber hier ist es ein der modernen Kunst fast abhanden gekommenes Element der Stimmung — und welcher Stimmung bei Hofmann!

Man sehe nur wie in der kleinen Sopraporte (Abb. 65) das Mädchen den

Man hat immer den Eindruck als müßte man die ganze Bewegung in allen Phasen sehen, nicht einmal, sondern unzählige Male: so watet die Badende (Abb. 25) vorwärts, so hebt das Mädchen ihr Gewand über den Kopf, so

Abb. 89. Badende Jungen. Kohlezeichnung. (Zu Seite 93.)

Bach entlang kommt, ganz dem Gefühle der Seligkeit hingegeben, von ihm in leisem übermütigen Wogen, wie das Bächlein bewegt, in fröhlichem Wallen und schaukelnd bis in jede Falte und jedes Band. Und ähnlich die drei im „Frühlingssturm" und der Zug blumenstreuender Mädchen, der sich wie aus einem Füllhorn ergießt (Abb. 62).

flattern im Sturm die Gewänder, so biegen sich die Gestalten der Blumenpflückenden (Abb. 38) und die der Tänzerinnen elastisch zusammen, um zurück- und wieder niederzuschnellen (Abb. 66). So schwingt die Mutter ihr Kind in den Armen (Abb. 18), so, schon in der bloßen Skizze, tappt der Elefant (Abb. 95) vorwärts.

Ja selbst seinen Landschaften gibt dieser

Abb. 90. Mädchen mit Schere. Kohlezeichnung. (Zu Seite 93.)

Rhythmus ihr Leben: auch die Elemente nehmen daran teil; vor- und rückwärts schwillt die Brandung am Strand von Porto d'Anzio (Einschaltbild S. 78/79), die Wellen schaukeln ewig sich erneuernd, hebend und senkend dem Ufer zu (Abb. 50); in dem Hirtenbild (Abb. 31) wehen die Nebel wie Schleier um die Felsenkanten und über

Abb. 91. Studie zur Lithographie „Mädchen am Strand". Kohlezeichnung. (Zu Seite 93.)

Porto d'Anzio. Pastell. (Zu Seite 78 u. 82.)

dem Alpental wallen und brodeln die Wolken in steter Bewegung (Abb. 71).

In diesem Rhythmus offenbart sich, was das Treibende in Hofmanns ganzer Kunst scheint: die Freude am Leben.

Leben spinnt er überall: in den Bewegungen, ja selbst in der ruhenden Form, in Luft und Licht und Farben. So lieb er (Abb. 67), und imposante Verhältnisse haben ihn schon früh angezogen wie jene bretonische Düne (Abb. 5), die schlank anstrebenden Stämme; großartige Formationen von den Felsen auf Capri (Einschaltbild S. 56/57) und dem Kastell bei Ischia (Abb. 69) bis zu den schweigenden Alpenriesen am Gotthard (Abb. 70.)

Abb. 92. Kohlezeichnung.

kann er, der Idyllenmaler, seine ganze Kraft an Landschaften setzen, die nichts weniger als „idyllisch" sind, wenigstens nicht im nordischen Sinn. Da müßten sie eng und heimlich sein; sie setzten Menschen voraus, die sich vor der Weite verloren fühlen und sich in die trauliche Enge zurückziehen wollen. Aber Hofmanns Landschaften sind weiträumig und groß, sie scheinen unberührt vom Menschen, nicht ihm dienstbar. Den Blick in weite Täler

Und um diese gigantischen Formen webt dann auch die Atmosphäre ihr großes Leben: seltsame zauberhafte Lichtphänomene, der Widerschein des blinkenden Sterns im Wasser (Abb. 4), das durch rollende Wolkenmassen und wallende Nebel brechende Sonnenlicht (Abb. 70).

Landschaft ist ja eigentlich das Grundelement all seiner Bilder, da die Menschen darin doch nur die Stimmung verkörpern. Verzichtet er einmal auf Figuren, so sind es ganz erhabene Stimmungen, wie die Gebirgseinsamkeit von Lucendro, das schöne Pastell der Nationalgalerie (Abb. 71) oder das Weben der Wetter über den Bergen (Abb. 70) oder das „Largo" (Abb. 51), wo man hoch herabblickt und fast das Irdische vergißt:

risten Hofmann vernachlässigt finden. Aber wenn ihm etwas seine Stellung in der heutigen Kunst geben wird, so ist es das Leben in seinen Bildern. Das vergaß man lange von der Kunst zu verlangen, seit l'art pour l'art Parole wurde. Man könnte übersehen zu fragen, wozu all diese

Abb. 93. Kreidezeichnung. (Zu Seite 93.)

Was unterscheidet
Götter von Menschen?
Daß viele Wellen
Vor jenen wandeln . . .

Mitten in die Elemente stellt er den Betrachter hinein, und er läßt ihn allein mit dem Geist der Natur.

*   *   *

Mancher wird in diesen Ausführungen neben dem Maler des Lebens den Kolo-

technischen Anstrengungen dienen sollten. Heute wird man gegen diese „Kunst an sich" argwöhnisch; zu viel geschickte Leute haben sie gelernt. Wäre man ihrer nicht insgeheim überdrüssig, wie könnte dann eine ausgeklügelte Programmkunst für Phantasie oder künstlerisch gedankenarme und seelenlose Akte für Monumentalkunst gelten? Wie wenig man in der Kunst an den Inhalt gewöhnt ist, der ihr einzig ansteht, zeigt Hofmanns Beispiel: er gilt den meisten immer noch als Kolorist, die Farbe ist das Element, dem seine Bilder bei dem größten Teil der Beschauer ihren Eindruck verdanken. Aber man kann seine Kunst nicht als ein Ganzes ansehen wollen und diese eine einschmeichelnde oder berauschende Fähigkeit von dem übrigen trennen. Denn regen Sinnen Töne festzuhalten, die in solcher Fülle und solchem Reiz wie Ausgeburten der Phantasie anmuten, bis das durch ihn belehrte Auge sie selbst zu finden lernt, und über ihre Einfachheit erstaunt.

So sieht er die unbelebte Natur, die Landschaft, und die Körper im Flug der

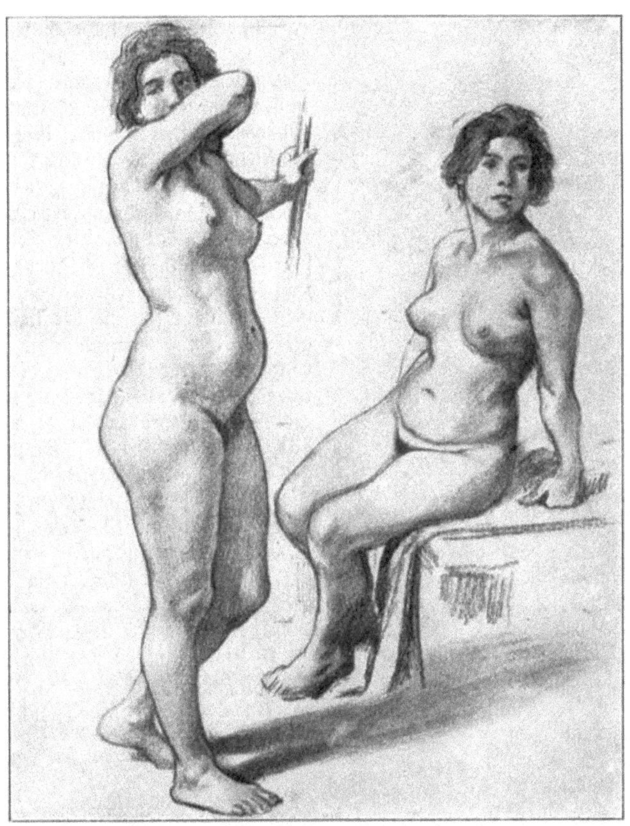

Abb. 94. Kohlezeichnung.

ihr Reiz und die Stärke ihrer Wirkung beruht doch auf demselben Vorgang wie alle anderen Wirkungen in Hofmanns Kunst: Reicher als bei anderen sind seine Farben doch nur darum, weil er sie in fortwährender Bewegung auffaßt, in allen den unzähligen Nuancen, die sie dabei vom Licht bis in Schatten durchmachen. Auch hier weiß er das Leben unermüdlicher als andere, in jedem Augenblick zu ergreifen, und aus der Flucht der Erscheinung mit ewig Bewegung an, im vollen und gebrochenen Licht, im tiefen und durchleuchteten Schatten, zu jeder Tageszeit, unter jeder Lichtquelle, im Schein der Sonne, das sie direkt trifft oder in Reflexen über sie gleitet, in ruhigen breiten Lichtströmen oder als zuckende Strahlen und zitternde Funken. Dahinein kommen die unzähligen Trübungen des Lichts durch die Atmosphäre: schattende Wolken, dunstige Luftschichten bewirken bald Dissonanzen, bald Harmonien; alles ist in Fluß,

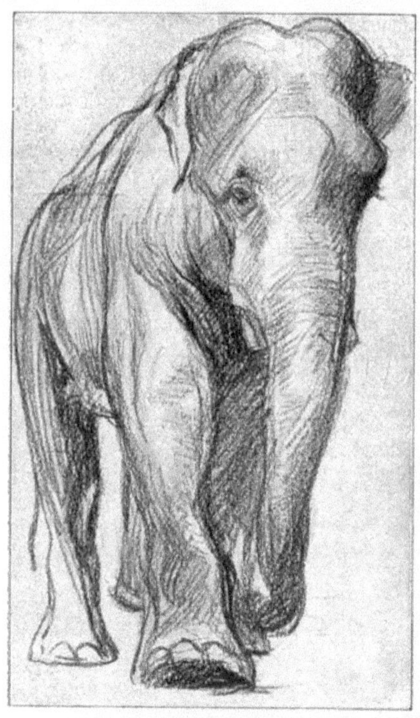

Abb. 95. Elefant. Kohlezeichnung.
(Zu Seite 77.)

dürfte man auch hier sagen. Und aus diesem ewigen Strom schöpft er nun seine Motive: helle Körper heben sich vom dunkeln Grunde, beschattete stehen als Silhouette vor glänzender Fläche; Licht und Schatten spielen gegeneinander. aber nicht in ruhig einfachem Gegensatz von Hell und Dunkel, sondern echt modern kompliziert, in weich verfließenden Nuancen.

Solch ein koloristisches Meisterstück sind die badenden Mädchen (Abb. 72). Das sanfte Blau des Seespiegels, durch den energischen Vordergrund duftig zurückgeschoben, gibt den Grund zu der anmutig bewegten Gestalt vorn. Ganz von Sonne umflossen, mit sonnendurchleuchteten Halbschatten steht sie vor der Wasserfläche, „des edlen

Körpers holde Lebensflamme"; und fragt man sich wo diese entzückende Harmonie von Gold und silbernem Blau herkommt, die so zart zu der Anmut der Bewegung stimmt, so ist es ein glückliches Zusammenschließen einer Unzahl von stillen Beobachtungen, die uns doch auch ganz vertraut sein sollten, aber hier sorgsam aufgehoben und ausgewählt wie die Offenbarung einer bisher unbekannten Welt überraschen. Die Küste bei Porto d'Anzio zeigt diesen phantastisch wirkenden Reichtum schon in der bloßen Skizze (Einschaltbild S. 78/79). Zu dem weiten Raum, dem lebhaft getroffenen, fast hörbaren Vor und Zurück der Wellen, dem Vorwärtsschießen des Schaums kommt der Zauber der Farben: das azurne Meer, die goldleuchtenden Felsen, das ist schon oft gemalt, und jeder sieht es; aber dazwischen hinein sprüht es von Lichtern und Reflexen, bald spiegelt der nasse Sand den gelben Stein des Ufers, bald zerreißt der rückwärts fließende Strom dies Bild und irrende goldene Flecke leuchten aus der Spülung auf. Bei den Faraglioni (Einschaltbild S. 56/57) wirft das durchglühte Gestein gelbe und blaue Strahlen in das zitternde Wasser. Am Hafendamm von Porto S. Stefano (Einschaltbild S. 52/53) schließt sich Staub und Sonne und Wasser zu einer silberglänzenden Harmonie zusammen, in der die grellen Farbenflecke der Figuren dem Auge wohltun. Solch plötzliches Durchbrechen der Stille liebt Hofmann wie hier in der reinen Studie, so auch in seinen Bildern; in der ruhigen Landschaft taucht hin und wieder

Abb. 96. Indischer Ochse. Kreidezeichnung. (Zu Seite 94.)

ein Siegellackfigürchen auf, ein unruhiger Ruhepunkt für das vom Gleichmaß der Töne ermüdete Auge, oder ein leuchtender Körper, das flatternde Gewand einer Tänzerin blinkt wie ein Flämmchen weither durch die Luft herüber. Je nach der Stimmung, die er ausdrücken will, wählt der Künstler die Harmonien, leise oder laut, immer mit erlesenem Geschmack, ja auch grelle Dissonanzen sind ihm ein Ausdrucks= mittel: er darf sie brauchen, weil er ihrer

ihn beeinflußten, ging er auf dies Ziel los: klar zu sein. An der Art seines Schaffens erfüllt sich das kluge und be= herzigenswerte Wort Fiedlers: „Wenn das künstlerische Resultat auch nur auf Grund einer außerordentlichen Stärke des Ge= fühls denkbar ist, so wird es doch erst durch die noch außerordentlichere Stärke des Geistes möglich, die dem Künstler selbst in den Momenten intensivster Emp= findung die Ruhe objektivsten Interesses

Abb. 97. Pferde. Kohlezeichnung. (Zu Seite 94)

Wirkung in der Ökonomie des Ganzen sicher ist.

Diese kluge Überlegung, die im Publikum so oft als eines frei und temperamentvoll schaffenden Künstlers unwürdig, wo nicht gar der Frische seiner Werke hinderlich ge= halten wird, ist Hofmann in hohem Grade eigen; aus der kühl oder instinktiv berech= neten, jedenfalls aber berechneten Anord= nung der Figuren, Linien, Farben, werden diese Bilder, die so lebendig wirken, weil das, was dem Künstler darin das Wich= tigste war, mit allen Mitteln seiner Kunst herausgehoben und in Szene gesetzt ist. Von Anfang an, seit Puvis und Marées

und die Energie der Gestaltungskraft be= wahrt".

Alles, was bei seinen Bildern früher über die Komposition gesagt werden mußte, war nur eine Umschreibung dafür. Er besitzt alles Rüstzeug moderner Technik, um einen Eindruck getreu zu schildern, aber er beruhigt sich nicht dabei; er will ihn den Betrachter so lebendig empfinden lassen, wie er ihn selbst empfand, stärker als er in dem gewöhnlichen Beschauer wirkt. Da mußte er ihn vereinfachen, hier etwas be= tonen, dort fortlassen, und so kam er zu seiner Art die Dinge vorzutragen, seiner ihm eigentümlichen künstlerischen

6*

Abb. 98. Ponies. Kreidezeichnung.
(Zu Seite 94.)

Sprache, kurz seinem Stil. „Naturnachahmung, Manier, Stil" hießen die Etappen des Weges, den Goethe jungen Künstlern vorschrieb. Hofmann hat auf verschiedenen Wegen dies Ziel zu erreichen gesucht: in gehaltener Strenge nach Marées Vorgang bei der „Versuchung" und ähnlich im verlorenen Paradies, auch das große Idyll hat seine Gestalten noch im Gleichgewicht, gleichsam auf einem Wagebalken parallel dem unteren Rande des Bildes; aber dann drehen sich die Hauptachsen immer freier und mehr in das Bild hinein; der Raum wird wichtiger und tritt aus seiner Rolle als Hintergrund gleichberechtigt neben die Gestalten und gewinnt mit ihnen zusammen als ein Ganzes immer mehr Herrschaft über die Komposition, wie im „Notturno" und in den „Frauen am Meer". Nacht und Meer sind hier das Thema, darum der Raum, den sie erfüllen die Hauptsache. Daß sich hier Zweck und Mittel, Absicht und Ausführung so völlig decken, das eben gibt den Werken Stil.

Abb. 99. Kühe. Kreidezeichnung. (Zu Seite 94.)

Ein dekorativer Zug geht durch Hofmanns Kompositionen; bald gewollt, bald unwillkürlich, beruht er zum guten Teil auf jener Art zu stilisieren; die Betonung einfacher fester Linien, die ruhige Abgrenzung der Farbenflächen, das Gleichgewicht der Massen von Hell und Dunkel, Farbe und Tonlosigkeit, das rhythmische Wogen der Bewegungen durch den so aufgeteilten Raum hin, das alles gibt seinen Werken jene heitere oder feierliche Ruhe der Haltung, die, mag Stimmung und Inhalt erregend oder verwirrend sein, ihr Anschauen für das Auge immer wieder genußreich macht, auch wenn es nur, ohne Sammlung, darüber hinstreift. Der Künstler sucht und verstärkt statische Sicherheit; und da hindurch sind nun die farbigen Gestalten verstreut, abwechselnd hell vor dunkelm, dunkel vor hellem Grund.

Bald mehr in farbigen, bald mehr in linearen Spielen hat der Künstler solche Wirkungen gesucht: die Blütenphantasie (Abb. 43) ist ein Beispiel für das eine, die Flora (Abb. 74) mehr für das andere, die reizenden Sopraporten (Abb. 63/65) für die Untrennbarkeit beider.

Mitunter zwingt er einen Natureindruck oder auch nur das frei verwertete Nachbild eines solchen mit Gewalt zu fast strengen Mustern, wie in den Reitern auf weißen Rossen im grünen Teich (Abb. 75). Dann

Abb. 100. Bleistiftzeichnung. (Zu Seite 94.)

diese Wirkung gern: oft nehmen Natureindrücke für ihn dekorative Formen an, und bringen unversehens solche Elemente in seine Bilder. Wie ein Fries wirken die Reiter am Meeresstrand. Zu einem freien Ornament finden sich die elastischen Rückenlinien der schwarzen Panther zusammen; die Schatten der Bäume teilen weithin den Raum in harmonische Felder; Tänzerin reiht sich an Tänzerin in wechselnd rhythmischen Linien, ein scharf begrenzter schattiger Vordergrund schließt wie ein Sockel in dem „Paradies" das Bild nach unten ab; und ebenso in dem großen Wandbilde mit den tanzenden Gruppen. Hier schafft der Künstler ganz bewußt für einen Zweck, zum Schmuck einer Architektur: die vielen Senkrechten und Wagerechten, Bäume und Uferlinien geben dem Bilde die räumliche wieder wünscht er seinen Bildern, die alle ihrer Haltung nach wie für eine bestimmte Umgebung gedacht sind, wenigstens einen Teil dieser Umgebung zu sichern, indem er ihnen selbst einen Rahmen gibt: das „Largo", der Sonnenuntergang, die badenden Frauen) sind zugleich mit ihren Leisten komponiert, weiche unbestimmte Linien schlingen sich herum, die farbig wie sie von vornherein gedacht sind, wohl ein harmonisches Ganzes mit den von ihnen umspannten Flächen bilden. Den Künstler interessierte die selbstgewählte Aufgabe so sehr, daß er die Schwierigkeit der Technik nicht scheute und für Ornamente und Figuren selbst zum Schnitzmesser griff. Wenn sie auch als plastische Versuche für ihn kaum in Betracht kamen, so war ihm doch von Wert, hier, wie bei ähnlichen Experimenten, zur ruhigen und klaren Führung eines Konturs genötigt zu sein, als Maler, der auf „Stil" aus war, fühlte er sich dadurch sehr gefestigt.

Über die Bereicherung, die durch diese Versuche eines Künstlers wie Hofmann die dekorative Kunst empfangen hat, läßt sich heute schwer urteilen. Daß sie zur Wirkung seiner Gemälde viel beitragen, möchte man kaum glauben. In unseren Reproduktionen läßt sich das, schon weil die Farbe fehlt, nicht beurteilen, und die hat viel getan. Anderes wieder, wie die Form des Rahmens um das Paradies (Abb. 54), ist uns doch heute schon wieder längst fremd; und der Linienfluß, ja selbst die anbetenden Gestalten um den Sonnenuntergang (Abb. 50), bringen zu der so tiefen Stimmung des Bildes nichts herbei. Anders das „Largo", dessen Rahmen vielleicht vielen erst die Richtung angibt, in der ihre Empfindung zu gehen hat.

Intensiver, glücklicher ist doch immer die Wirkung der Rahmen, die im Bilde selbst das hervorheben, was dem Künstler an seiner Komposition das Liebste war: er hat oft solche natürliche Einfassung anzubringen gewußt; im Idyll (Abb. 39) ist es der Blick auf die schöne Bucht, dem das Lorbeergebüsch und der Stamm der jungen Pappel zur Bedeutung verhelfen. Das Paradies mit seiner Blütenpracht (Abb. 45) konnte nicht wirkungsvoller hervorgehoben werden, als durch die Gestalt der stehenden Eva neben dem Baum und dem am blühenden Ufer liegenden Adam; um das Liebespaar im Frühling (Abb. 76) schließen sich die Stämme junger Bäumchen ganz natürlich zusammen.

Auch sonst hat sich der starke dekorative Sinn Hofmanns in manchen Versuchen betätigt, aber sie sind ohne Folge geblieben. Die Füllung eines Spiegels (Abb. 77) hat er selbst geschnitzt, ein heiter farbiges Relief in dunklerer Umrahmung, sicher und ungezwungen in die Umfassungslinie gebracht, wie man es von des Künstlers Stilgefühl nicht anders erwarten kann. Allerhand Versuche für Schmuck und sonstige halb plastische, halb dekorative Arbeiten sind nicht über den Entwurf hinausgekommen. Es fehlten dem Künstler gerade in dieser Zeit die Beziehungen zu jenen Gewerben. Für eine Schmuckschale, deren Fuß eine kauernde Gestalt bilden sollte, ist die plastisch empfundene Studie eines Modells (Abb. 78) in zwei Ansichten gezeichnet.

*　　*　　*

Nach Einflüssen bei einem Künstler zu spüren, dessen Bildung sich wie die Ludwig von Hofmanns aus so verschiedenen Elementen zusammensetzt, ist eher verlockend als durchführbar. Denn der Inhalt seiner Bilder gehört ihm so ganz selbst an, und ist so durchaus persönlich, daß äußere geistige Anregungen meist nur ganz von fern auf ihn gewirkt haben können. Und die Sprache seiner Kunst ist zu einfach und selbstverständlich, um ihm von anderen überkommen zu sein.

Will man ihn aber an geistesverwandten Künstlern messen, so müßte man ihn in den ernsten Kreis der Männer stellen, die den Namen Neu-Römer tragen, einen Namen, der für eine kleine Gemeinde fast feierliche Bedeutung hat, weil mancher von den Besten, die ihn führten, nicht ans Ziel seines Ringens gekommen und seiner Werke froh geworden ist. Es ist der Kreis, den Hans von Marées um sich

Abb. 101. Pflanzenstudie. Aquarell. (Zu Seite 94.)

versammelt hatte, dem Feuerbach
nahe trat, dessen Ideen heut nur
in Bildhauern, in Hildebrand
und Volkmann, weiter fortleben
und nun in Tuaillon den Epi=
gonen haben.

Zu Marées hat sich Hofmann
selbst bekannt, obwohl er nur von
Bildern des Toten mächtig er=
griffen wurde. Was er in seiner
Kunst von diesem unglücklichen
Lehrer einer kommenden erfolg=
reicheren Generation empfangen
hat, ist hier schon darzustellen ver=
sucht. In Marées' Kreis ent=
standen Kunstwerke, die jedem in=
haltsleer erscheinen, der sie mit
einem anderen Organ als mit
dem Auge — also etwa mit dem
Verstand — aufnehmen will. Sie
können nur empfunden, ihr stiller
Inhalt, der Wohllaut ihrer Linien
und Formen nur gefühlt werden.
So wenigstens wollte Marées
malen, so malte in seinen glück=
lichen Stunden Feuerbach, Hilde=
brand, wenn er aus Eignem
schafft und nicht durch ein Porträt
vor die Natur direkt gebannt ist,
stellt und baut so seine Figuren
auf, und Conrad Fiedler, Marées'

Freund, vertrat diese Kunst in seinen ruhigen
durchdachten Schriften. An sie reiht sich
nun glücklicher als sie alle: Hofmann; ihn
an der Größe jener zu messen, ist heute nicht
die Zeit, denn Marées bietet keine rechten
Vergleichspunkte, Feuerbach ist heute schon
eine historische Erscheinung, die, mag man
seiner Person und seiner Kunst sympathisch
gegenüber stehen oder nicht, etwas groß=
artig Sicheres, fast Altmeisterliches hat.
Über den Werken der Plastiker wieder,
wie Hildebrands, liegt eine vornehme Ruhe,
die von keiner drängenden Phantasie aus
dem Gleichgewicht gebracht wird. Neben
ihnen allen scheint Hofmanns Kunst eines
für sich zu haben; sie ist jugendlich und
heiter. Seine Gestalten leben das stille
harmonische Leben, dem Marées mit so
mühevoller Abstraktion zustrebte, und wo
Feuerbachs Menschen wie unter dem Schauer
ihrer geistigen Einsamkeit und mit der
Melancholie ihrer hohen Bildung durch
Gärten wandeln, da träumt sein jugendlich

harmloses Geschlecht in unberührten Ge=
filden.

Darin sind sie der Antike näher als
irgend welche klassizistischen Gestalten, ob=
wohl sie kaum eine direkte Anregung dort=
her verraten. Hin und wieder erscheint
unter ihnen ein sitzender Jüngling mit der
elastisch gekrümmten Rückenlinie des Hermes
(Abb. 88), ein Mädchen, das der Knöchel=
spielerin gleich am Boden sitzt, ein Knabe,
der sich vom Bade trocknet (Abb. 79) und
wie jene ein vollkommenes Motiv für einen
Plastiker gäbe. Aber sie waren ebensogut dem
italienischen Leben entlehnt, wie der Antike;
allerdings gehören sie zu jenen Stellungen
die, ob nun neu oder alt, ob im Bilde
oder im Leben, immer die Vorstellung eines
glücklichen Zeitalters erwecken. Sie sind
bei Hofmann nicht gerade häufig, aber
er bereichert ihren Vorrat; dabei sind
seine Menschen in ihrer Landschaft hei=
mischer als z. B. Thomas deutsche Bauern=
körper, die in die Campagna zu setzen

doch immer ein kunstgeschichtliches Experiment bleibt.

*　　　*　　　*

So ist es schwer zu sagen, was Hofmann von anderen Malern für Einflüsse empfangen hat. Noch schwerer ist es zu finden, welcher Art die Anregungen sind, die ihm die anderen Künste brachten. Daß die Musik ihn zum Schaffen anregt, wird man glauben können, ohne daraus schließen zu dürfen, daß sie ihm bestimmte Motive schenkte. Harmonie von Tönen und Farben vertragen sich ja gut. Etwas Ähnliches mußte Kellers Landvogt von Greifensee empfinden: Der spielte sich etwas auf seiner Maultrommel, „wenn es sich um die Mischung delikater Farbentöne handelte“.

Aber wer will behaupten, daß unter all den brausenden oder jubelnden Stimmungen in seinen Bildern — selbst in der „Freude“ — die Musik den Gedanken hergegeben. Es ist ihm unmöglich, zu illustrieren; was vor ihm jemand empfunden hat, existiert eigentlich nur für ihn, wenn er es so in sich aufgenommen hat, soviel von dem Seinigen dazugetan hat, daß es mehr ein eignes, als ein fremdes Erlebnis oder eine äußere Anregung für ihn geworden ist. So kann man sich vorstellen, daß dieselben Saiten in ihm, die von der Musik berührt wurden, auch wieder Töne geben, nun aber seine eigenen, und wenn er das Largo oder „Freude schöner Götterfunken“ malt, so sind es Empfindungen, wie sie jeder poetische und produktive Künstler haben kann, aber unter Gestalten und Bildern, wie sie einzig und allein der Maler haben kann.

Und gerade so wenig wie der musikalische Maler der Musik für seine Kunst direkt zu danken hat, so wenig haben ihm, dem Lyriker, andere Dichter gegeben. Den Idyllendichter Theokrit kannte er noch nicht als man in ihm schon den Idyllenmaler schätzte; Böcklin hat sich dorther die Anregung, ja mehr als die, zu der reizenden „Liebesklage des Hirten“ geholt; aber die „Gefilde der Seligen“ hat er doch auch wieder gemalt, ohne an Chiron und Helena aus dem Faust zu denken.

Hin und wieder findet man ja verwandte Klänge, aber wie zufällig, und kaum je wird man ihn als den Empfangenden ansehen dürfen. Es spricht nur dafür, wie rein lyrisch er empfindet, wenn uns bei seinen Bildern fremde Lyrik einfällt. Storms „Was Holdes liegt mir in dem Sinn“, ist so oft die Grundstimmung seiner Bilder. Mit Keller teilt er die naive Gegenständlichkeit: wie ein Stückchen Ritternovelle, so heiter und ungeschlacht klingt es

Abb. 103. Kanal bei Berlin. Kreidezeichnung. (Zu Seite 94.)

aus seinem Sieger, und fast die=
selbe Phantasie wie in Kellers rei=
zendem Gedicht „Mitgift" hat die
Figur Gottvaters im Paradies
(Abb. 54) ausgestattet.

Es soll hier nicht aufgespürt
werden, wo in der Weltliteratur,
in den weiten Räumen der Phan=
tasie ein Stern die Bahn Hof=
manns gekreuzt hat. Aber ge=
rade, wo der Stimmungsgehalt sich
so schwer wie bei seinen Bildern
in Worte fassen läßt, ist man dank=
bar, schon irgendwo für verwandte
Empfindungen die lebendigen Worte
zu treffen. Vielleicht sind Lord
Byrons Gestalten mitunter Geistes=
brüder von Hofmanns. Sein ge=
flügelter Gott im Mythus tritt
gerade so übermenschlich stolz auf
seinen Schmerz einher, wie Luzifer
im Kain, und kommt irgend etwas
den Idyllen Hofmanns näher in
der Empfindung, als das welt=
verlorene Idyll Don Juans und
Haidees? Gestalten unserer Zeit
leben hier, losgelöst von allen For=
derungen und Regeln der wirk=
lichen Welt, in glücklicher Wunsch=
losigkeit dahin.

Das ist ja gerade bei Hof=
mann immer die Unterströmung:
die Wirklichkeit mit ihrer Unruhe,
Zwang und Enge verlassen zu
dürfen, dem Druck zu entgehen, dem Dä=
mon der Schwere Zarathustras, und ihn
im Tanz von „Mädchenfüßen mit schönen
Knöcheln" zu vergessen. In solchen Vor=
stellungen berührt sich Hofmanns Welt mit
der Welt moderner Lyriker, wie Stefan
George, Hugo von Hoffmannsthal.

Aus dem Lärm des Alltags, der sie
verletzt, fliehen jene mitleidig zurückblickend,
in die Welt ihrer Phantasie, wo das er=
sehnte Leben dahinrinnt in sanften Rhyth=
men, schweigsam, gedämpft; — mehr Bild
des Lebens als Leben selbst:

Getroffen von berauschenden Gerüchten
Erblick' ich in dem blauen Wiesental
Die Reiher weiß und rosafarben flüchten
Zum nahen See, der schläft und blinkt wie Stahl.

Da schritt sie wie im Ebenmaß der Klänge,
Ihr hochgerechter Finger hielt und hob
Der bergenden Gewänder Seidensträhne

Abb. 104. Lichtstudie im Freien. Kreidezeichnung.
(Zu Seite 94.)

So Stefan George. Man versteht, daß
er sich zu Hofmanns Kunst hingezogen
fühlt. Die gleiche Phantasie, der Reiz des
Musikalischen, der Rhythmus, der tiefgefärbte
landschaftliche Blick, als Raum durch die
fliegenden Vögel vertieft, die Häufung der
Farben, die einzelne zarte, graziös bewegte
Gestalt in dieser bunten Pracht, das alles
dieselben Elemente im Gedicht, aus denen
Hofmann ein Bild schaffen würde. Aber
die Farben im Gedicht sprechen kaum zur
Phantasie und fließen zu keiner Harmonie
zusammen; sie bleiben Adjektive, während
sie im Bilde sofort das Auge erregen und
berauschen würden.

In einem Buch über moderne Kunst
darf man von Lessings Laokoon eigentlich
kaum noch sprechen, aber seine Regeln über
die Grenzen von Malerei und Dichtung
kämen hier zu Ehren.

In seinem feierlich ausgestatteten „Teppich des Lebens" hat Stefan George zwei Sonette an Ludwig von Hofmann gerichtet, die Erinnerungen an gemeinsam Erlebtes und Geschautes in Italien festhalten. Was der Dichter in seiner Sprache malt, hat der Maler unendlich oft geschildert. Aber wieviel näher stehen unserer Phantasien diese gemalten Bilder; jeder Eindruck, der hier frisch und selbstentäußernd gegeben, wird bei George ein Baustein mehr zu dem Sockel, auf dem er schließlich in aller Herrlichkeit selbst steht. Gewiß, auch Hofmanns Welt ist allein für den ganz verständlich, der weiß, daß sie nur ein Produkt hoher Kultur sein konnte. Aber es ist so wenig Selbstgefälligkeit und keine Müdigkeit darin, echt jugendliche Hingabe und Schwärmerei hat sie hervorgebracht. Ein Dichter hat diese Gesinnung getroffen: Hölderlin; auch er hat seine Welt unter den Schutz des Gottes der Jugend gestellt:

> So such im stillsten Tal
> Den blütenreichsten Hain
> Und gieß aus goldner Schale
> Den frohen Opferwein!
> Noch lächelt unveraltet
> Des Herzens Frühling dir,
> Der Gott der Jugend waltet
> Noch über dir und mir.

*　　　*　　　*

Zum erstenmal treten hier in diesem Buch Studien und Zeichnungen in größerer Zahl aus der Zurückgezogenheit von Hofmanns Atelier. Sie sprechen deutlicher als alle Worte von seiner Art zu schaffen und gewähren Einblick in das, was den Künstler beschäftigt; davon sind die ausgeführten Bilder doch nur ein verhältnismäßig kleiner Teil.

Seine Gemälde sind der Niederschlag seiner am längsten anhaltenden Stimmungen. Unbestimmt wogen sie hin und her, bald diese, bald jene Gestalt annehmend, in fortwährendem Fluß, bis die geistige Konzentration des Künstlers die endgültige Lösung gefunden hat, „vom Form- und Gestaltlosen zu Form und Gestalt empor".

In den Mappen des Künstlers liegen die Zeugnisse der geheimnisvollen Kräfte, die im Zusammenwirken ein Bild hervorbringen, und wir sind so glücklich, manches davon verfolgen zu können.

Die „Frauen am Meer" (Abb. 16) sind solch ein aus dem Chaos sich bewußt losringendes Werk. Bei ruhiger See hat Hofmann die kleine Szene beobachtet, die er in ihrer ganzen zufälligen Zerfahrenheit, aber schon mit dem Reiz des Momentanen — besonders bei der zaghaft hineinschreitenden — auf der raschen Skizze festhielt (Abb. 15)

Er sah schon die Figuren hell gegen den dunklen Grund, der ihre Bewegungen klar hervortreten ließ. Die Diagonale der Uferlinie gab die Raumtiefe. Die Meeresbrandung weckte in ihm die Empfindung des Jauchzenden, Festlichen, und aus der stillen beobachteten Szene wird die leidenschaftliche des Gemäldes, wie die alltägliche Bewegung der Mädchen vorn sich in die hinreißende Gebärde verwandelt.

In diesem Zeitpunkt tritt dann das Studium des Modells ein, nur um sich Rechenschaft für Einzelheiten zu geben; so stellt er es mit den hochgehobenen Armen (Abb. 14) hin, im Bilde wurde das Motiv wieder lebendig wie er es gedacht hat: der Kopf neigt sich, um unter dem erhobenen Gewande durchzukommen.

So steigert sich auch die Reihe der Studien zum großen Idyll von allgemeiner Haltung (Abb. 19) in wachsender Lebendigkeit (Abb. 21) bis zum Bilde (Abb. 20). In den schwarzen Panthern ist der Abstand vom ersten Einfall bis zum Bilde noch viel weiter; der größere Raum, die Energie des Lichts geben der scheinbar schon endgültigen Fassung (Abb. 58) noch eine bedeutende Steigerung.

Ja auch im fertigen Gemälde beruhigt sich seine Phantasie nicht; und oft, mitunter nach Jahren malt er in Bilder, die schon ausgestellt waren, hinein und verändert völlig ihren ersten Charakter. Ihn interessiert der Vorgang des Schaffens mehr, als das Fertigmachen. An diesem soll man den Dilettanten, am anderen den Künstler erkennen.

So läßt sich denken, wie wenig von dem, was ihn ergreift und beschäftigt, in seinen Bildern ausgesprochen ist. Und für den Überschuß alles dessen, was nach Ausdruck drängt, ohne ihm der mühevollen Ausführung wert zu scheinen, für die Gedanken und Einfälle und Stimmungen besitzt der Künstler ein Mittel, sich ihrer zu entäußern und zugleich sie festzuhalten in seinen Zeichnungen. Aber der farblose Stift kann ihm, der weder in abstrakt linearen noch rein formalen Vorstellungen lebt, sondern dem die Welt als ein Ganzes mit Form, Ausdruck und Farbe entgegen= strömt, nicht genügen; und das Aquarell hat seinen eigenen, duftigen, auf tiefe reiche Reihe von Einfällen, die das ganze Gebiet dessen umfassen, was ihm aus Welt und Leben entgegendrängt, um vor seiner Phantasie Gestalt anzunehmen: Der quellenreiche Strom unendlicher Erfindung, der nach Platen den Dichter macht, rauscht hier vielleicht am vernehmlichsten. Das ärmliche nordische Dorf mit seinen gedrück= ten Menschen gibt ihm so gut ein er=

Abb. 105. Italienisches Mädchen. Kohlezeichnung.

Farbigkeit resignierenden Stil, der für seine Vorstellungen nicht ausreicht. Aber der raschen Technik des Pastells gewinnt er, darin wohl ohne Vorgänger, alle die kolo= ristischen Wirkungen ab, die er braucht um seine starken Eindrücke in voller Frische des Lebens und der Farbe zu fixieren.

Auch hier, wo er nur skizzierend schafft, nur instinktiv komponiert, schließt sich ihm alles zum wohlgeordneten Bilde ab. „Im= provisationen" nennt er diese so überaus schütterndes Motiv (Abb. 80), wie der sorgenfreie Strand von Capri einen An= klang heroischen Daseins in seinen Reitern (Abb. 82).

Phantasien, irgend woher angeregt, viel= leicht durch irgend ein fernes Anklingen, gewinnen hier rasch und plötzlich Gestalt. Lebendige Situationen, im Augenblick vor= überhuschend, fliegen hier mit untrüglicher Sicherheit auf das Papier; so zeichnet er Propheten in der Wüste, im Mondschein am

Brunnen sitzend, von den Frauen aufgesucht (Abb. 85). Er hat den sicheren Takt, was ihn gerade und poetisch interessiert, nicht zum Gegenstand eines religiösen Bildes zu machen.

Alles, was ihm für ein Bild nicht genügt, was er der Öffentlichkeit nicht preisgeben möchte und was ihn doch tief berührt, Glück, Träume, Leidenschaften, legt er in diesen Improvisationen nieder. Wenn

Du fliehst vor mir, du scheue Taube,
Und drückst dich fest an meine Brust;
Du bist der Liebe schon zum Raube
Und bist dir kaum des Worts bewußt.

In all diesen Einfällen und Phantasien trifft man den Künstler vielleicht gerade darum so unmittelbar, weil er sie nur sich zur Freude und Beruhigung festhält. Von dem Überfluß an Gedanken, die das Atelier

Abb. 106. Knabe von Capri. Kohlezeichnung.

er in seinen Bildern die Natur, das Leben der Elemente schildert, deren Echo nur der Mensch ist, so dürfen sich hier die Empfindungen des Menschen oft mit elementarer Gewalt äußern! Vielleicht nirgends so zart und wild zugleich, wie in der Gruppe im nächtlichen Wald (Abb. 84), die zu dem stärksten gehört, was Hofmann geschaffen hat. Es ist, als hätten sich die Stormschen Verse „Die Stunde schlug" ihm in ein Bild umgesetzt:

nie verlassen, bekommt das Publikum nichts zu genießen, wenn er sich nicht entschließt, hin und wieder etwas der Lithographie anzuvertrauen. So hat er auf Stein für den „Pan" ein Frühlingsidyll, die einzelne kleine Komposition gezeichnet, die mit dem Winde kämpfende Gruppe von Mädchen (Abb. 91), eine Gletscherszenerie mit nebelverhüllter Sonne und ein verlorenes Paradies.

In den flüchtigen und doch fertigen Blättern gibt Hofmann gewissermaßen ein

Elixir seiner Kunst. Hier schöpft er aus einem Vorrat an Eindrücken und Erkenntnissen, von dem erst seine Studien einen fast verwirrenden Begriff geben.

Man hat sich gewöhnt, ihn als den Maler des Idylls zu treffen und möchte danach glauben, sein Blick sei in jenen fernen Welten verloren, die er malt; und nun zeigen die Studien, auf denen sich sein bewußtes Schaffen aufbaut, daß er für seine Umgebung ein so liebevolles Auge hat, wie

Die Gestalten badender Jungen (Abb. 89) mit ihren haftigen, abgehackten Bewegungen interessieren ihn gerade so, wie die Muskeltätigkeit eines Modells beim Führen der Schere (Abb. 90). Er kann als Zeichner fast grausam sein; um die Studie zu den Mädchen im Winde (Abb. 91) zu zeichnen, muß er mit fast Forainscher Unerbittlichkeit die komischen Situationen beobachtet haben, in die der Mensch beim Kampf mit den Elementen kommt; so war es auch ein

Abb. 107. Aktstudie. Kohlezeichnung. (Zu Seite 94.)

nur ein Maler der Wirklichkeit; und daß ihn der Alltag in jeder Äußerung interessiert. Wo er Leben findet, da setzt er den Stift an, und was er sieht, das packt und beglückt ihn so, daß er nicht daran denkt, etwas zu verschönen oder fortzulassen, zu unterstreichen oder einzuschränken.

Auch in diesen Studien spricht sich ein wahrhaft begeisterter Kultus der Natur aus, in dessen Ehrlichkeit und Konsequenz ihn keiner, auch der „konsequenteste Naturalist" übertreffen könnte.

erquickender Spaß für ihn, das dicke Modell (Abb. 93) in Rom festzuhalten.

Er besitzt in hohem Grade das, was man an den größten und kühlsten Technikern des modernen Realismus wie Liebermann besonders schätzt: Temperament der Zeichnung.

Davon zeugen ja auch die oft so frappierenden Gebärden in seinen Bildern. Aber es überrascht doch, ihn auch da verweilend zu treffen, von wo in jene ideale Welt kein Weg mehr zu führen scheint. An Tieren, heimischen wie fremden, die er auf

der Weide und im zoologischen Garten be=
obachtet, lockt ihn natürlich der eigentümliche
Charakter, die Physiognomie im Ausdruck
der Ruhe und Bewegung (Abb. 95—100).
Aber er weiß auch Leben in unbewegtem,
wie in den Pflanzen zu finden, von
deren zarten Formen und durch den Raum
sich biegenden und verklingenden Konturen
(Abb. 101 u. 102) er sich gelegentlich ebenso
gern fesseln läßt, wie von der menschlichen
Gestalt. Und selbst für das eigentümliche
und geheimnisvolle Leben in toten Körpern

Strich eine Form zu fixieren oder sie in
schwellendem Umriß ohne jede Schattenlage
plastisch zu runden (Abb. 107).

Ihm ist der groß verlaufende Kontur
gerade so gegeben, wie der kurze, nervöse
Strich, jedes zu seiner Zeit; Stil und
Naturbeobachtung stehen sich bei ihm nicht
als Extreme gegenüber, sondern die eine
ist dem anderen untertan.

Nach der Seite der Ausdrucksfähigkeit
haben wir von Hofmann noch eine Steige=
rung zu erwarten. Seine letzten Studien:

Abb. 108. Kinder. Kreidezeichnung.

und Linien ist sein Blick immer rege. Die
Kähne vom Landwehrkanal (Abb. 103) dachte
er gewiß nie in einer seiner Kompositionen
zu verwerten; was ihn davor festhielt, war
nichts anderes, als was auch Menzel oder
Liebermann dazu brächte, sie zu zeichnen:
das Tote belebt sich im Auge des Künstlers
und wird damit des Interesses wert.

Es macht den Reiz dieser Blätter aus,
daß ihm die Technik zum gewünschten
Ausdruck, im Augenblick des Wunsches
selbst, zu Gebote steht. Derselbe Stift gibt
ihm weich gleitenden, tonigen Schatten,
wenn er sich Zeit zum Verweilen läßt,
wie bei der Eva oder der Freilichtstudie
(Abb. 104) und erlaubt ihm in präzisem

Das Liebespaar im Walde, die Vor=
bereitungen zu noch nicht ausgeführten
Bildern wie die Eva (Einschaltbild S. 76/77)
und Fischer von Porto d'Anzio zeigen eine
Reife der Kraft und eine Männlichkeit,
gegen die frühere Werke jugendlich erscheinen.

*   *   *

Länger als es nach den kurzen Jahren
berechtigt scheint, die Hofmann in Italien
verlebt hat, muß die Betrachtung seines
Lebens und seiner Kunst bei dem ver=
weilen, was er dort gefunden und von
dort mitgebracht hat. Er war hinunter=
gegangen durchaus nicht als der, aus dem

erst etwas werden sollte; die ersten Stürme hatte er in Berlin schon über sich und seine Bilder ergehen lassen und sich das Lob und den Vorwurf der Originalität redlich verdient. Für ihn handelte es sich in Italien nicht darum, umzulernen oder Neues und Altes zu lernen, er genoß dort vielmehr das seltene Glück, daß alles was er sah, ihm gleichsam bestätigte, er sei auf dem rechten Wege. Und mehr als das: ihm flossen von allen Seiten so unaufhörlich und reichlich die Anregungen zu, so leuchtend und bunt offenbarte sich ihm die Wirklichkeit, das dunkel geahnte Land seiner Träume, daß von nun an seine Kunst ohne Italien gar nicht mehr zu denken ist: all die reichen Eindrücke, die er dort hat sammeln dürfen, leben noch jetzt nach Jahren in ihm, mit der Frische des ersten Erlebnisses fort.

Kürzer als der Leser es von einem Biographen verlangen könnte, sind im vorangehenden die äußeren Lebensumstände des Künstlers selbst behandelt.

Aber bei einem Leben, das so ganz der Arbeit gehört, gebührt doch wohl der größte Raum der Betrachtung dieser Arbeit selbst; zumal bei einem Künstler, der zwischen sich und der Öffentlichkeit keine andere Brücke kennt und sucht als seine Werke.

Seit er Ende der neunziger Jahre von Italien in sich gefestigt und fertig, heimgekehrt ist, geht er absolut sicher seine Bahn, der er vom ersten selbständigen Schritt treu geblieben war. 1898 nahm er nun dauernd seinen Aufenthalt in Berlin, nur vorübergehend erfrischte sich seine Phantasie für neue Schöpfungen dort unten. Sein Oheim, Kekulé von Stradonitz, dem er in den kritischen Jahren seiner Entwickelung unaufhörliche Förderung verdankte, in dessen ermutigender Anerkennung unter Zweifeln und Widerwärtigkeiten bei seinem ersten Auftreten er seinen stärksten Halt fand, ist inzwischen sein Schwiegervater geworden. Das Verständnis für sein Schaffen wächst von Jahr zu Jahr. Auch das Maß öffentlicher Anerkennung, das jedem für ein ungetrübtes Wirken unentbehrlich ist, hat sich eingestellt: große Sammlungen, die Nationalgalerie, das Magdeburger Museum besitzen Werke von seiner Hand, und in mancher guten Privatgalerie ist er vertreten.

Auch öffentliche Aufträge sind ihm zu teil geworden: die Stadt Berlin hat ihm die Ausschmückung eines Saales im neuen Standesamt übertragen.

* * *

Das ist alles, was sich über Ludwig von Hofmanns äußeres Leben hier sagen läßt. Zum Verständnis seiner Kunst bietet es wenig genug. Fast erzählen seine Werke mehr. Der zart und tief empfindende Mensch, der sich ohne Haß vor der Welt verschließt, weil er ihr am besten dient, wenn er sich ihrem Lärm entzieht, bestimmt in ihm den Künstler.

Seine Kunst lediglich für ein Kind der Phantasie zu halten, wäre gerade so falsch, wie aus seiner Vielseitigkeit zu schließen, daß er seine eigene Richtung nicht finden könne. Sein persönlicher Zug geht immer wieder zu jener jugendlich vollkommenen Welt, auf die er allein in Gemälden volle Kraft konzentriert; alles andere ist freies Ausleben der Kräfte, Spiel des Geistes, oft wohl von der stärksten Empfindung getrieben, aber kein bewußtes Streben nach einem festen Ziel. Dies Ziel ist allein das von keiner Not berührte Land, in dem Enge und Schwere, ja selbst die Flucht der Zeit aufgehoben scheint:

> ... im stillsten Tale
> Der blütenreichste Hain.

Verzeichnis der Abbildungen.

Abb.   Seite

Ludwig von Hofmann (Titelbild) . . 2
1. Gretchen im Kerker. Ölskizze 4
2. Landschaft. Ölskizze 5
3. Abendstimmung. Ölskizze 6
4. Abend in der Bretagne. Kohlezeichnung 7
5. Motiv aus der Bretagne. Pastell . . . 7
6. Bäume. Kreidezeichnung 8
7. Der schwarze Geiger. Ölgemälde . . . 9
8. Studie zum „Frühling". Kohle . . 10
9. Frühling. Ölgemälde. Einschaltbild zw. 10/11
10. Versuchung. Ölgemälde 12
11. Studie zu dem Gemälde „Frühlings-
     sturm". Kohlezeichnung 13
12. Frühlingssturm. Ölgemälde 14
13. Das verlorene Paradies. Ölgemälde . . 15
14. Studie zu dem Bild „Frauen am Meer" 16
15. Studie zu dem Gemälde „Frauen am
     Meer". Kreidezeichnung 17
16. Frauen am Meer. Ölgemälde 18
17. Kreidestudie 19
18. Kohlezeichnung 19
19. Aktstudie zum „Idyll". Kreidezeichnung 20
20. Idyll. Ölgemälde. Einschaltbild zw. 20/21
21. Studie zum „Idyll" 21
22. Frühling. Ölgemälde 22
23. Frühlingserwachen. Ölgemälde . . . 23
24. Hesperiden 24
25. Frauen am Wasser. Ölgemälde . . . 25
26. Badende Frauen. Ölgemälde 26
27. Reiter am Meer 27
28. Studien zu einem der drei Reiter . . 28
29. Reiter. Ölgemälde 28
30. Reiter. Pastell 29
31. Hirten. Ölgemälde 30
32. Kohlezeichnung 31
33. An die Freude. Dekorativer Entwurf 32
34. Dekoratives Gemälde 33
35. Studie zu demselben. Kohle und Pastell 34
36. Ölstudie 35
37. Urmenschen. Ölgemälde 36
38. Blumenpflückende Frauen. Ölgemälde.
     Einschaltbild . . . . zw. 36/37
39. Idyll. Ölgemälde 37
40. Offene See. Ölskizze 38
41. „Küste". Ölgemälde. Einschaltbild zw. 38/39
42. Notturno. Ölgemälde 39
43. Blütenphantasie. Ölgemälde 40
44. Tal des Schreckens 41
45. Paradies. Ölgemälde 43
46. Studie zur Eva im „Paradies". Kreide-
     zeichnung 44
47. Tränke in der röm. Campagna. Ölgemälde 45
48. Quelle. Ölgemälde 46
49. Brandung auf Capri. Pastell 47
50. Sonnenuntergang 48
51. Largo 49
52. Ölskizze zu „Mythus" 50
53. Harpyen. Kohlezeichnung 51
54. Das Paradies 51
55. Der Sieger. Ölgemälde 52
     Porto San Stefano. Pastell. Buntes
     Einschaltbild . . . . zw. 52/53

56. Kohlezeichnung 53
57. Pastell 54
58. Pastellentwurf zu dem Bilde „Heiße
     Nacht" 54
59. Heiße Nacht. Ölgemälde 55
60. Aktstudie. Rötel 55
61. Am Kanal. Ölskizze 56
     Die Faraglioni bei Capri. Pastell.
     Buntes Einschaltbild . . . . zw. 56/57
62. Flora. Ölgemälde 57
63. Sopraporte 57
64. Studie zu einer Sopraporte 58
65. Sopraporte 59
66. Tänzerinnen. Ölgemälde 59
67. Landschaft. Kohlezeichnung 60
68. Landschaft. Pastell 60
69. Kastell bei Ischia. Kohlezeichnung . 61
70. Landschaft. Pastell 62
71. Motiv bei Lucendro. Pastell 63
72. Badende Mädchen. Ölgemälde . . . 64
73. Träumerei. Ölgemälde 64
74. Flora. Aquarell 65
75. Dekorative Skizze. Pastell 66
76. Frühling. Ölgemälde 67
77. Spiegel. Holzschnitzerei 68
78. Aktstudie zum Fuß einer Schmuckschale.
     Kohlezeichnung 69
79. Badende Jungen. Kohlezeichnung . . 69
80. Kohlezeichnung 70
81. Kohlezeichnung 70
82. Reiter am Meer. Pastell 81
83. Kohlezeichnung 72
84. Kohlezeichnung 73
85. Der Prophet. Kohlezeichnung 74
86. Landung. Pastell 74
87. Badende Frau mit Mädchen. Pastell 75
88. Hirt. Pastell 76
     Eva. Pastellstudie. Buntes Einschalt-
     bild . . . . zw. 76/77
89. Badende Jungen. Kohlezeichnung . . 77
90. Mädchen mit Schere. Kohlezeichnung 78
91. Studie zur Lithographie „Mädchen am
     Strand". Kohlezeichnung 78
     Porto d'Anzio. Pastell. Buntes Ein-
     schaltbild . . . . zw. 78/79
92. Kohlezeichnung 79
93. Kreidezeichnung 80
94. Kohlezeichnung 81
95. Elefant. Kohlezeichnung 82
96. Indischer Ochse. Kreidezeichnung . . 82
97. Pferde. Kohlezeichnung 83
98. Ponies. Kreidezeichnung 84
99. Kühe. Kreidezeichnung 84
100. Bleistiftzeichnung 85
101. Pflanzenstudie. Aquarell 86
102. Pflanzenstudien. Kreidezeichnung . . 87
103. Kanal bei Berlin. Kreidezeichnung . 88
104. Lichtstudie im Freien. Kreidezeichnung 89
105. Italienisches Mädchen. Kohlezeichnung 91
106. Knabe von Capri. Kohlezeichnung . 92
107. Aktstudie. Kohlezeichnung 93
108. Kinder. Kreidezeichnung 94